U0001855

mocratic Education

Nordic experiences for the Taiwanese classroom

思辨是我們的義務

那些瑞典老師教我的事

吳媛媛 著

Contents

【推薦序】

一堂應時的北歐公民課

李濠仲—作家，現為《上報》主筆

那年，告別寓居上千日夜的北歐，總覺得這趟旅程仍意猶未盡。曾經，迫切地想知道此地究竟如何天賦異稟，能讓舉目每一道環節都予人驚奇連連。迥異於台灣的地理條件是一回事，於今依舊在腦際盤旋不去的，無非斯堪地那維亞獨特的人文況味。

欣聞媛媛再有新作，從而又接續起那已然遠揚的美好境地。有別於閱讀他國作者的故事，「自家人」的北歐視角，確實還是多了份親切感。依照客觀的事實，不可否認，斯堪地那維亞國家的生活內容，確實吻合多數人對所謂「過好日子」的憧憬和嚮往，但出於高人均所得以至物質或生活福利上的豐足，卻僅得描繪出表象，到底是什麼樣的一群人，可以把普遍各自的人生過得那樣平等、自由、獨立而又自在，乃至在相對惡劣的環境氣候下，彼此能共同鍛造出一座現代烏托邦，其中緣由，或許才是北歐真正迷人之處。《思辨是我們的義務——那些瑞典老師教我的事》一書，無疑是以一幕幕有意義而又精細的作者經歷，為之抽絲剝繭，一一解謎，進而讓人更加認識瑞典人，更加認識北歐。

從前言起始，我們即可感受到媛媛不只具備精采豐富的個人北歐經驗，透過其多重的資料佐證，益發顯現她的確誠心誠意為我們道出了瑞典式思辨原來是如何練成。字裡行間，有由外而內的觀察，亦有由內而外的印證，果然，我們從來沒有高估瑞典人，同樣的，我們也沒有誤解一地公民素質和當地發展內容的密切關聯，不是瑞典造就了瑞典人，是瑞典人造就了瑞典。

瑞典人從小到大的公民訓練，一如本書每一章節所示，皆是一步步奠基而來，更重要的是，書文清晰地指向了那樣的訓養，究竟是為了打造什麼樣特色的公民。作者個人持續進行中的北歐時光之旅，仿若行進間車廂向外一面視野通透的窗台，於私，我看到了諸多之前旅居北歐時未見的風光。

此時此刻，我們若關切台灣的民主、人權或平等，關乎這塊島嶼的內外質感，及至僅僅注目子女的教育和人格養成，甚或憂心著媒體識讀、民主素養，我們應當都能藉由此書尋找到參考座標。複製或移植他國經驗，或許不全然是旅外書寫者的最主要用意，正如同閱讀並非只刺激了眼球，它同時也有助活躍一個人的腦神經。以瑞典為師，以北歐為鏡，我一直相信，即便它經常無視衝擊你既有的思考，投入的時間，總是值得的。

前言

我和先生都在瑞典擔任教師，十多年來我在工作上、生活中體驗了很多瑞典教育理念帶給我的衝擊。而這本書想要著墨的，是瑞典學校將「民主」和「知識」兩種素養並列為國民教育首要任務的堅持。

瑞典孩子在高中職畢業那一剎那，就被視作一個大人，而在滿十八歲得到投票權的那一瞬間，他們也被視為獨立的「公民」，必須自主思考，選擇支持的政黨和理念。在十二年國民教育期間，學校要教育出能夠獨立工作或學習的「成人」，也要教育出能夠參與民主社會的「公民」，這兩個責任都意義重大。

在比較我在台灣受的國民教育和瑞典的國民教育以後，我察覺台灣在知識素養的訓練上，尤其是數理知識領先瑞典很多，但是在批判思考等公民素養的訓練上則起步稍晚，許多瑞典高中課綱涵蓋的思辨內容，我到了大學、甚至研究所才接觸到。我認為這是本末倒置的現象，不管有沒有上大學，不管成為藍領還是白領，每個人都一定會成為「公民」，因此公民素養的訓練必須普及全民才有意義。

所有科目都是公民訓練的一環，每一位老師都是公民老師

現在台灣高中公民課的教學內容和從前的國編本比起來，真的進步非常多，市面上也有很多關於高中公民教育的優秀書籍。如果說瑞典公民教育有什麼特殊的地方，大概就在於他們刻意避免「公民科」（civic education）這個詞，因為他們相信「所有科目都是公民訓練的一環，每一位老師都是公民老師」。因此在這本書我將以語文、歷史和數學這三個瑞典高中高職生都必修的科目為出發點，介紹瑞典老師在學生十六～十八歲這個轉大人的階段，如何透過不同科目引導他們接觸更深入的批判思考。此外，我也邀請了台灣優秀教師和各界賢達提供最適合台灣現況的思辨練習題目。

二〇〇二年新版序

我從二〇一八年開始構思這本書的架構，那時我還不知道台灣將會在隔年開始實施108課綱，也沒想到這本書的內容，會和108課綱產生許多契合之處。當年回台宣傳本書，和多位台灣教師以及致力於教育的賢達交流，獲益良多，也深刻感到108課綱的起步，為台灣的學校教育注入了活水，同時也掀起了不安的漣漪。

回瑞典以後，我仔細比對了台灣108課綱和瑞典課綱，發現兩者在理念上的確有很多相近和重疊的地方。這些教學內容，有許多是擷取自聯合國教科文組織（UNESCO）、國際經濟合作發展組織（OECD）等國際組織在研究現代社會脈動後所提出的「核心素養」（core competence）框架。在這個快速全球化的時代，各國課綱的核心越來越接近，將是一個自然的趨勢。

台灣108課綱三大核心素養：「自主學習」、「溝通互動」與「社會參與」，每一個都涉及到了民主教育當中講究自主批判，並負起公民責任的環節。而在相似的核心素養框架中，我也看到瑞典在各科教學理念、宗旨和大環境上，有許多和台灣的不同之處。這些耐人尋味的差異，也讓我決定要更進一步去比較和探究台灣和瑞典學校當中各科的課綱內容和教學實踐。在今年（二〇二二年），我完成了《上一堂思辨國文課：瑞典扎根民主的語文素養教育》一書，對瑞典和台灣的高中國語文教育做了更加全面的觀察，也希望在未來能有機會涵蓋其他科目。

最後我也想強調，和東亞教育相比，大多歐美國家的教育都有重視思辨、帶領學生探索知識的共通特色，每個國家也各有特長。這本書以瑞典高中為主，並不是因為我認為瑞典的高中教育特別出類拔萃，只是我剛好有這個機會可以從第一線教育工作者的角度，深度描寫瑞典的課堂，為台灣呈現更多的可能性。我希望這本教學實例的集錦，能為現在的學校師生，也為和我一樣走過填鴨中學教育的大人們，提供一套更鮮活的補充讀物。

2018 年北歐公民教育研討會，瑞典教育部部長、教育學教授和教師代表三人正在進行圓桌會談。學者和教師向部長提出質疑，部長則從政策現實面做出回應。

什麼是民主素養

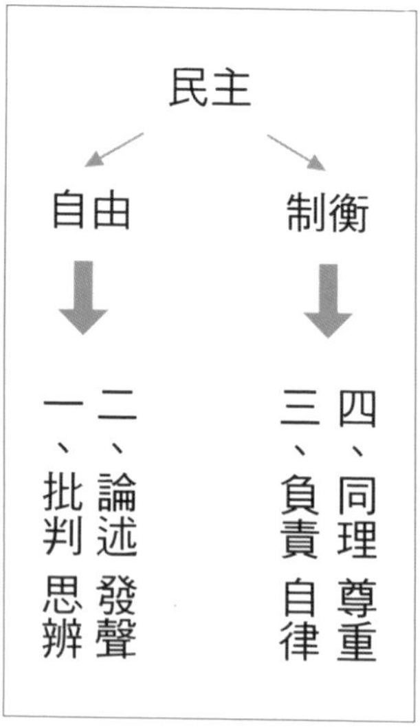

「知識教育」和「民主教育」是瑞典國民教育並重的兩大教學任務。但到底什麼是符合當代需求的民主素養呢？二〇一八年我參加了一年一度的北歐公民教育研討會，北歐五國的教師、學者、教育官僚齊聚一堂，在歷時兩天的會議中討論學校教育在「培養民主習慣」（Cultivate democratic habits）的功能，並探討民主習慣有哪些？要如何培養？

一、批判和思辨：自由思考的習慣

瑞典教育學者不斷提醒老師：「正確思考很重要，而自由思考更重要」（To think right is big, to think free is bigger.）。要改善現狀，必須察覺問題的根源。只有透過不斷質疑常規和常理，才能看到現行規則的不合理之處。

二、影響力的運用（Exercise rights to influence）：論述、發聲和參政的習慣

瑞典學校致力於讓學生在教室內和教室外可以投過各種管道發聲，練習如何運用公民的影響力。在教室內學生可以影響校務和教學活動，學校也舉辦各種政治辯論活動和模擬大選，讓孩子模擬不同政黨的意識形態進行辯論。在教室外，孩子們實際參加各政黨的青年團，對從政有興趣的學生在高中階段就可以開始在黨內累積經歷。

三、制衡（Check and balance）：負責和自律的習慣

想到民主，很多人會馬上聯想到「自由」，卻忘了「制衡」才是民主體制最珍貴的地方，也是獨裁者最害怕的地方。在一個講究制衡的法治社會，執政黨和在野黨互相檢視，行政、立法、司法三權互相牽制。運用法制限制、賦予權利，避免讓權力集中在少數人的手中。

現在很多台灣人說：「民主社會太自由，太亂了。」卻不知道我們的自由是受到多少制衡和法規的重重保障才能獲得。而人治國家的人民常常以為「嚴刑峻法」就是法治，卻不知道缺乏制衡機制下，社會上充斥著權貴僭越法制的亂象。

在重視「制衡」的民主法治社會，公民必須對自己的行為和言論負責，針對這一點，瑞典學校致力於訓練孩子去檢視自己和別人的言論。

四、學習接受妥協：同理和尊重的習慣

民主體制雖然以少數服從多數為大前提，但是也不能犧牲少數的基本權利和需求，每一個決策都是在不同階層群體之間、不同意識形態之間的拔河。

在重視社會福利的瑞典，為了大我而必須容忍不便的例子處處皆是，時時考驗著國民的耐心。瑞典有個源自德語的常見貶抑詞，可以直接翻譯為「訴權者（rättshaverist）」，我覺得用台灣的說法也可以叫做「民主奧客」。形容那些把個人權利無限上綱，無視社會整體得失的人們。

每一個公民都必須懂得要理直氣壯地去爭取自己的權益，同時也要懂得協調和妥協。自由和制衡，民主天平兩端如何平衡，是一個不間斷的課題。

第一篇

語文科

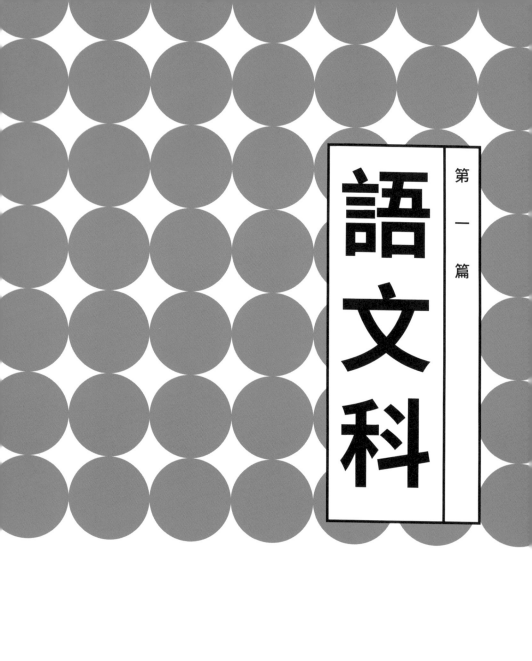

Part 1

Language

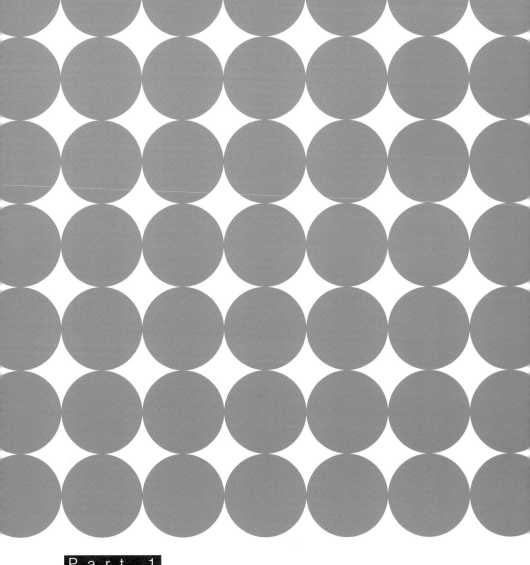

01

語言是通往所有科目的基本工具——瑞典高中語文課綱

文學是人類在不同時代、環境下創造出來的文化遺產，與其一味依循血源追求正統的遺產，不如讓學生以瑞典為出發點去認識人類共同的經驗，學會去賞味和思考文學作品中的人文元素。文化涵養是沒有國籍的，帶領學生去認識文學的本質，反而更能體會人文的力量。

瑞典高中的「國文課」，也就是瑞典文課，總共有三門，一年上一門。這三門課分別以非文學類、文學類和學術類三種文體為主，每一門的學習目標和教學宗旨都大異其趣。

第一門國文課專注於非文學類（non-literary text）文章的閱讀寫作，內容包括新聞評論、社會學、歷史、科技等當代科普文章，旨在訓練學生能理解文章意涵，並且能彙整、引用、分析、批判，並且有條理地提出自己的看法。

瑞典課綱把語文視作「通往其他知識的基礎工具」，十分強調語文在學習所有其他科目的過程中，其理解、思辨和表達自我的關鍵角色。為了達到這個教學宗旨，瑞典文老師常和其他科目的老師合作，比方說，學生寫完的歷史報告，先由瑞典文老師批改行文結構和流暢度，然後由歷史老師批改歷史知識和分析，最後學生會分別得到國文科和歷史科兩種分數。這個方法要實踐起來，其實對老師來說挺麻煩的，但是瑞典教育部不斷提醒鼓勵各科老師實行，因為語言能力決定了學生是否能在往後人生中，更輕易有效地獲得新知識。

我們將自己的思想凝結成字詞，透過一連串句子築起管道，和他人產生聯繫共鳴，這是人類從牙牙學語以來就不斷在重複的過程，可以說是一種自然本能。然而當傳達的內容越來越複雜精細，光靠本能就不足夠了。尤其是在仰賴全民一同參與社會議題的現代民主社會，提升每個國民對語言技巧的掌握，才能讓對話和辯論更有效率、有意義。這種技巧包含了從發信這一端的表達，到收信那一端的理解，都是民主過程中缺一不可的環節。

第二門國文課是文學作品（fine literature）的賞析和創作。這個階段的課綱以文學史為軸心，介紹世界上（以歐洲為主）各個時代的文學體系，也探討文學和歷史、社會之間的互動。在寫作方面，高二的文學創作更偏重傳達情感和美感呈現，另外文學批評也是練習的重點。有瑞典文老師讓學生選讀一本和ＡＩ人工智慧有關的科幻小說，比方說《2001 太空漫遊》、《銀翼殺手》等，然後請學生依循作者的世界觀，以機器人的角度寫一篇自述，探討「人類意識」為何物。許多學生的作品都創意十足，讓我讀了不忍釋手。

除了文字作品，戲劇、電影也包含在課綱當中。許多北歐電影晦澀難懂，我常常看完了以後還是滿頭問號。有次我找到一個介紹各國重要電影的網站，影評內容不但專業而且深入簡出，後來仔細一看，才發現是瑞典教育部做給中學生的電影學習網站。

雖然瑞典學校的文學課程難免以歐洲為中心，但理論上世界上所有的文學都包含在文學課的領域。世界各時代、各文化的重要文學作品，還有比較艱深的古

瑞典教育部提供各級學校老師關於讀寫教學的小組研討課程，鼓勵老師在課堂上應用各種提升學生讀寫能力的教學方案，並交流心得。（圖片來源：skolverket.se）

老瑞典文作品，都翻譯成現代瑞典文讓學生欣賞。北歐文學不如中國文學博大精深，也許也正是因為如此，他們反而能突破「瑞典文」的局限，把「文學」的本質帶入學生的世界。

世界上的文學浩瀚無窮，很難全部選入教材中，因此瑞典國文課較少針對一則則選文進行賞析，而是更偏重於介紹文學的意義，和主要文學體系的源流，讓學生再從中選擇自己有興趣的書來深入閱讀。

前一陣子在臺灣發生國文課綱的文白之爭時，我和幾個瑞典老師討論了國文課在臺灣愛國教育和認同塑成上的特殊地位，瑞典老師聽了都覺得不可思議。事實上，愛國從來就不是瑞典教育的重點，甚至他們時時不忘批判國族情緒。

關於國文課與愛國，我向瑞典老師解釋說，在臺灣多數人相信讓學生學習本國悠長歷史上的精華文學作品，可以讓學生對我國文化內涵和歷史產生更深刻的共鳴和連結，提升愛國情懷。

瑞典老師聽了紛紛質疑：花時間去解讀艱難遙遠的文學作品，真的會讓我們更「愛國」嗎？目前北歐最具代表性的古典文學大約是在十二世紀時寫成（宋代

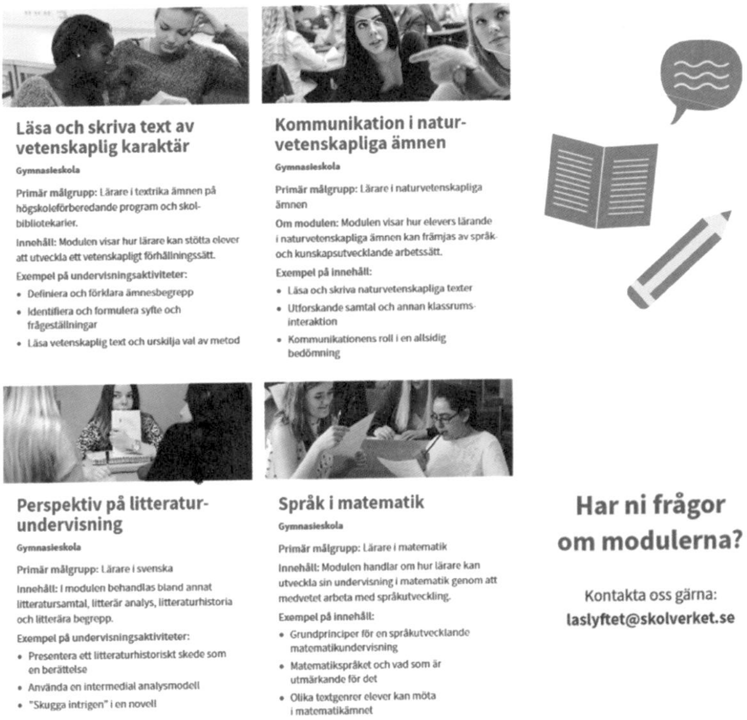

Läsa och skriva text av vetenskaplig karaktär

Gymnasieskola

Primär målgrupp: Lärare i textrika ämnen på högskoleförberedande program och skolbibliotekarier.

Innehåll: Modulen visar hur lärare kan stötta elever att utveckla ett vetenskapligt förhållningssätt.

Exempel på undervisningsaktiviteter:

- Definiera och förklara ämnesbegrepp
- Identifiera och formulera syfte och frågeställningar
- Läsa vetenskaplig text och urskilja val av metod

Kommunikation i naturvetenskapliga ämnen

Gymnasieskola

Primär målgrupp: Lärare i naturvetenskapliga ämnen

Om modulen: Modulen visar hur elevers lärande i naturvetenskapliga ämnen kan främjas av språk- och kunskapsutvecklande arbetssätt.

Exempel på innehåll:

- Läsa och skriva naturvetenskapliga texter
- Utforskande samtal och annan klassrumsinteraktion
- Kommunikationens roll i en allsidig bedömning

Perspektiv på litteraturundervisning

Gymnasieskola

Primär målgrupp: Lärare i svenska

Innehåll: I modulen behandlas bland annat litteratursamtal, litterär analys, litteraturhistoria och litterära begrepp.

Exempel på undervisningsaktiviteter:

- Presentera ett litteraturhistoriskt skede som en berättelse
- Använda en intermedial analysmodell
- "Skugga intrigen" i en novell

Språk i matematik

Gymnasieskola

Primär målgrupp: Lärare i matematik

Innehåll: Modulen handlar om hur lärare kan utveckla sin undervisning i matematik genom att medvetet arbeta med språkutveckling.

Exempel på innehåll:

- Grundprinciper för en språkutvecklande matematikundervisning
- Matematikspråket och vad som är utmärkande för det
- Olika textgenrer elever kan möta i matematikämnet

Har ni frågor om modulerna?

Kontakta oss gärna:
laslyftet@skolverket.se

教育部提供適用於不同科目、不同性質的讀寫能力教學方案。（圖片來源：skolverket.se）

前後），當時瑞典社會和今天的瑞典幾乎沒有共通點，反而和同時期的其他國家更相近。愛那個時候的瑞典和愛現在的瑞典有什麼關係呢？另外，建立在這種自滿於我國文化更加優秀、山川更加壯麗的「愛國」，是好事嗎？說到底，「愛國」到底是什麼？

面對這樣的回應，我說：除了愛國以外，藉著了解瑞典歷史上的文學作品，也可以讓學生更了解瑞典的現在，讓學生承襲瑞典有別於其他國家的文化涵養，構築出瑞典人的認同感。

瑞典老師則說：瑞典學生閱讀瑞典作者的作品，自然可以產生親近感和認同感，但文學本身並不應該被當作鞏固認同的工具。瑞典古典文學中有許多流傳千古的佳作，但是它們不能夠全盤代表一種瑞典文化。文學是人類在不同時代、環境下創造出來的文化遺產，與其一味依循血源追求正統的遺產，不如讓學生以瑞典為出發點去認識人類共同的經驗，學會去賞味和思考文學作品中的人文元素。文化涵養是沒有國籍的，帶領學生去認識文學的本質，反而更能體會人文的力量。

我覺得這段討論反映了瑞典和臺灣社會對文學，對教育，對國族的理解和詮釋上深刻的區別。

第三門國文課，是學術閱讀寫作，每一個想上大學的學生都必須修完這門課。這個階段的閱讀材料來自各個學術領域，寫作訓練非常嚴謹，每一句話都要有憑有據，行文不帶個人情感和意識形態，必須符合國際標準的學術寫作架構，旨在適當的理論框架下生產新的知識。在高一的時候學生們還可以用「我認為……（I think that…）」，當作段落開頭，自由抒發己見，到了高三，就絕對不行了。我先生說可以很明顯感覺到，學生到了高三，歷史報告中的結構和思辨內容，都會突飛猛進。

除了這三門課之外，將來想要選擇文學類科系的瑞典高中生還可以選修更專精的文學、語言學、修辭學課程，淺嘗大學院校中的學術討論。

每一科的老師都是語文老師

語文教育雖然是瑞典語課的重心，但是其他科目的老師也責無旁貸，每個老師都必須有意識地在平日作業、討論中提供學生大量運用語文和練習表達理解的機會，也可以和瑞典文老師進行合作。反觀臺灣的情況，中學生除了國文課以外，在其他課堂上幾乎只做選擇和填充題，於是國文老師要忙著填鴨學生各種文學知識，還得承擔訓練學生表達和寫作的重任。在各科斷層、並且以作文考試為導向的教學宗旨下，也許可以訓練出在考作文時表現得四平八穩的學生，然而這種作文分數是否反映了學生作為一個公民，能夠清楚表達思路、溝通和理解的能力呢？

了解了瑞典的語文課綱之後，我才察覺到臺灣的國文課程其實是一門偏重純文學的文選課，也是充滿國族意識色彩的中華文化灌輸課。這門課並不是不好，只是我們還忘了開一門更重要的課，一門可以銜接各科知識，訓練學生統整和辯證能力的非文學類語文課。

近幾年臺灣媒體常帶著一絲獵奇心態，去報導歐洲學生的小論文題目，讓臺灣讀者看了之後大嘆自己不如歐洲高中生。然而歐洲學生從懵懵懂懂到能夠回答這些問題為止，中間到底經歷了什麼樣的訓練和成長？這也許才是最重要的問題。

02

媒體識讀和報章投稿——非文學類閱讀寫作

在新興網路媒體帶來的一片亂象中，為了培育一個個未來的媒體讀者和媒體工作者，讓媒體發揮最大的民主效用，瑞典各團隊不斷針對考試結果和社會趨勢進行大小規模的研究，並在教學和考題上加以對應和改革。

瑞典高中每年都會舉辦主要科目的全國聯合期末考，學生必須通過期末考才能拿到學分，期末考成績也會直接影響升學機率，所以想上大學的學生都不能掉以輕心。以高一國文科為例，這場聯合期末考分成演說、閱讀、寫作三個部分，歷時兩天，一共約六個小時。

在四月的某一天，瑞典全國的十六歲學生都坐在教室裡考國文期末考的寫作部分。學生必須在三小時內寫兩篇作文。第一篇作文是模擬投稿報章的辯論文，學生先閱讀一篇關於生產和浪費的《瑞典日報》社論。社論作者描述當今社會由於過度生產和浪費的問題，出現了「反生產」的聲浪。而作者認為，透過不斷地生產，讓原料產生更多價值，是現代經濟賴以繁榮的途徑。這個過程中造成的生產過剩和浪費讓人遺憾，但是降低生產量會對全球經濟和發展中國家的人民造成更大的衝擊。在閱讀並理解了這篇文章之後，學生要寫一篇辯論文回應這一篇文章，提出論據說明自己的立場。

第二篇作文是模擬校刊投稿。學生先閱讀一篇關於「怯場」的科普文章。這篇文章說明人類在群眾前說話、表演時會感到焦慮，很可能是長期演化過程中形成的本能。學生在作文中必須引用此文，寫一篇投稿校刊的文章，討論現代學校和職場越來越注重人們在人前發表、辯論、表演的能力，但這也為許多人帶來很大的心理壓力，在這個趨勢下，個人和學校要如何面對和處理這種人類本能帶來的焦慮？

這些聯合期末考試的考題，都是由瑞典各大學的學者團隊，根據各科學習目標並和全國高中老師合作，花一年半到兩年的時間傾力設計出來的。

這場期末考是一場學力、耐力和體力的考驗。因為考試時間漫長，高年級的一場考試可能長達四至五小時，所以學生常會帶著冷熱飲和點心來考試，我先生班上有個學生每次考試都在桌上將各種起司一字排開，隨時做個三明治來吃。而幾乎每一次期末考，都會有學生因為過度緊張而考到一半嘔吐或是哭了起來。老師們回收的答案卷上常沾上學生帶來的野餐，也沾染著不少學生的血淚。

問題不在於考試領導教學，而是用什麼樣的考試，引導什麼樣的教學

為了評量教學成果，無論是哪個國家的學校都很難避免「考試」這個環節，「考試領導教學」也是大多學校裡的現實。但是看了瑞典和其他歐美國家的考題，我發現考試有許多不同的形式和宗旨，考法不同，就能引導出完全不同的教學。「學生學完這門課，應該具備什麼能力？要出什麼考題，才能確實反映這些能力？」從各國五花八門的考試和考題中，可以看出對知識和教育截然不同的態度

16 歲瑞典女孩葛莉塔（Greta Thunberg）為了氣候議題發起每周五罷課靜坐的行動，受國際注目。她也是《瑞典日報》在 2018 年 5 月舉行的氣候辯論文章寫作比賽優勝者，並在 2019 年 5 月獲提名諾貝爾和平獎。（圖片來源：Vladan Lausevic 攝影，opulens.se）

和想法。而在瑞典的高一國文考試當中，我看到的是瑞典學校對「媒體識讀」這個關鍵公民素養的重視。

媒體在現代民主社會有三個主要功能：一是提供資訊，二是檢視公私機關運作，三是充當社會上各群體發聲和辯論的平臺。身負這三種功能，媒體也被視為民主政體中不可或缺的「第四權」，是不容忽視的強大力量。

然而，媒體同時也是一個難以駕馭的力量。除了媒體工作者的專業、讀者的識讀能力之外，媒體的獲利模式和競爭環境，都會大幅影響媒體的功能和效用。在這篇文章我想以教育為出發點，描述瑞典媒體在民主體制中的角色，以及學校教育和媒體相輔相成的功能。

你看了昨天報上那篇辯論文章了嗎？

瑞典的報章大致分成報導版和評論版，這兩個版面比重大略相當，而內容筆調則截然不同。

SYDSVENSKAN
Från provrum till vigsel
Nya poliser ska jobba preventivt
"Skulle ha gjort en analys"
OMEGA
DAGENS NYHETER.
"Det kändes som om huset skulle rasa"
Hundratals gömmer sig för att slippa straff
SVENSKA DAGBLADET
Brittisk Trump nära målet
HELSINGBORGS DAGBLAD
NORDVÄSTRA SKÅNES TIDNINGAR
SPELNYTT
PREMIÄR! NYA, HÄRLIGA & INSPIRERANDE
ALLT OM RESOR
瑞典各大報。

報導版部分有兩個功能，第一是傳達資訊，第二是調查和檢視公私機關。瑞典主流媒體對報導文章的書寫要求嚴謹，曾經聽人說過，當一位瑞典記者看到一棟白色的房子，他會說：「現在在我眼前有一棟房子，朝向我的這一面是白色的。我不知道另一面是什麼顏色。」這個描述雖然誇張，但大致表現了瑞典對據實報導近乎苛求的一面。

每當發生具有話題性的社會事件，我常抱著好奇心翻遍各家媒體，卻總是看到大同小異的幾句冷敘述，沒有揣測窺探，也很少情緒渲染。當然，許多瑞典人也喜歡透過網路論壇來獲取腥膻八卦，但是對主流報章而言，他們的職責僅僅是向社會大眾傳達有意義的已知情報，不少說什麼，也不多說什麼。

報導版面的另一個重點，是針對瑞典公私機關組織的調查報導。瑞典主流媒體的記者一般享有相當正面的社會菁英形象，在受讀者和同業嚴格檢視的同時，他們的專業也受到很大的尊重。在瑞典有許多「明星」記者，他們深入調查不同社會領域，揭露的弊端和內幕越多，知名度和聲譽也就越高。

來到評論版，文章的屬性明顯不同。評論版又分成編輯評論、社會各界辯論和讀者投書等欄位，這裡可以說是瑞典的主要輿論場域，全國上下，從首相到一介平民，只要言之有物，都可以針對各議題發表己見。在這裡他們可以指定辯論對象接受挑戰，或是回應其他的辯論文章。

最近在歐洲最熱門的辯論題目，是關於在ＩＳ潰敗後，歐洲各國要如何處理當初自願前往敘利亞加入ＩＳ組織，而如今想要打道回府的歐盟公民。這個禮拜從瑞典首相勒文（Stefan Löfven），到相關機構官員、學者、ＮＧＯ工作者，都相繼發布了辯論文章，互相回應質疑。在首相發布辯論文章的第二天，瑞典公私社交場合很多人都在問，「你看了昨天勒文在《瑞典日報》寫的辯論文章嗎？你怎麼想？」及時跟上各種社會討論，可以說是瑞典人閱讀報章雜誌的一大動機。

增強民主的社會和語文教育

瑞典的義務教育不是最完美的，但在充沛的資源和意願下，他們確實是卯足了全力。在新興網路媒體帶來的一片亂象中，為了培育一個個未來的媒體讀者和媒體工作者，讓媒體發揮最大的民主效用，瑞典各團隊不斷針對考試結果和社會趨勢進行大小規模的研究，並在教學和考題上加以對應和改革。

在媒體識讀的教育上，瑞典高一的社會科和國文科之間有很緊密的配合。社會科課綱有許多與媒體相關的學習目標，比方說學生必須理解一個「事件」從發生，到經過各媒體挑選、描述而成為「新聞」的一連串過程，練習看到一則新聞的時候，如何一步步往前推，掌握事實呈現的各種可能性。另外學生也必須熟練檢視資訊來源的四大原則。

一、**時間點原則**：距離事發時間點越遠的敘述和資料，有效性也會越低。

二、**第一手原則**：和事件當事者之間的轉述人數越多，離事實越遠。

三、**可信度原則**：這篇報導或評論是誰寫的？由什麼機構發布？他們有相關專業和知識，值得信任嗎？

四、**傾向原則**：每一篇報導和評論背後都有一個價值和目的。這篇文章的作者本身有什麼傾向？他是為什麼目的而寫，為誰而寫？

學生在社會科上學習了這些知識後，國文老師必須有意識地提供素材和機會，讓學生反覆練習。高一國文課上，瑞典學生閱讀涉及各種領域的新聞、評論和科普文章。而在寫作練習上則是以摘要文和辯論文為兩大主要體裁。寫摘要文考驗學生閱讀理解、統整、簡化和正確引用原文的能力，而辯論文章更考驗學生的邏輯思考和表達能力。這兩種文章都有很嚴格的行文規範和評分標準。拿辯論文章來說，文章起頭必須清楚點明立場，接下來的每一段都提出一個論點支持立場，各段開頭的第一句話必須總括整個段落，然後在最後一段再次總結全文，這個結構只要缺了一點，就會被老師扣分。

記得我以前在成人學校修高中瑞典文課時，覺得這些作文練習綁手綁腳的，不但寫作過程枯燥耗神，寫出來的文章也沒什麼文采韻味可言。但是當我更加頻繁地閱讀瑞典報章，我才理解，忙碌的現代人必須閱讀大量資訊，因此作者有義務將自己的想法用最有組織、讀者最好吸收的方式表達，降低閱讀時間和門檻。同時，學生能在規則方圓之內清楚表達己見，也表示他們對自己的立場和論點有透徹的理解。

這類文章的評分不看重文采，學生特意雕琢漂亮的文字也不會採計分數，參與社會辯論不是「文采好」的人的特權。不論用多麼質樸的語言，只要理論適當邏輯清楚，就有改變輿論的力量。瑞典的高二國文課是以純文學為主題，到時文采自有發揮的舞臺，不過這又是語言的另一個功能了。

延伸思考例題

重新評估我的媒體菜單

請列出你平日經常閱讀的媒體菜單（依花費的時間與比重列出前三到五項）。這些屬於你的媒體菜單裡，在上述「檢視資訊的四大原則」裡，表現得如何？如果可以重新選擇值得你信任的真媒體好媒體，你會如何重新列出你的媒體菜單？

本例題感謝《報導者》總編輯　李雪莉提供

延伸思考例題

不插電新聞周

請你試著在一個禮拜之內避免用手機、電腦等網路媒介看新聞，只從紙本報刊獲取資訊。體驗了沒有網路媒體的生活後，請你寫一篇評論文章，論述人們透過網路科技看到的世界，和沒有網路的世界有什麼不同？請閱讀〈只讀紙本新聞兩個月，世界會不會比較「真實」？〉（黃哲斌，獨立評論@天下），並在寫作過程中引用此文。

本例題感謝《天下雜誌》「獨立評論@天下」總監　廖雲章提供

03

文學中的民主素養——文學類閱讀寫作

法國文學家暨符號學家羅蘭・巴特（Roland Barthes）說：「語言是我們的肌膚，一字一句就像指尖觸摸彼此。」有時候不管讀再多理論、再多數據，也比不上語言文字帶來的溫度。

文學教育和民主素養有什麼關係呢？瑞典文老師在聽到我的問題後，睜大眼睛回答：「關係可大了！我甚至認為沒有其他課堂能比文學課更民主，當孩子們發現讀完一本書、一首詩，看完一齣戲，每個人的想法和感受竟然會那麼不同，察覺到這種個體的差異性，就是民主的第一步！」

因為這本書，我訪問了好幾位瑞典高中老師，我發現不管他們教的是語文、社會、數學，或歷史，都對於培育民主素養有種捨我其誰的熱忱，他們的熱情也總讓我會心一笑。

「『讀完作品不代表你的作業就完成了！』（Reading the text is just half the work done!）在第一堂文學課上，我就會在黑板上寫下這句話提醒學生。」瑞典語老師接著說。「閱讀是很個人的經驗，但是在學校的文學課上，老師必須製造一個交流和對話的教學場域，並要求學生從閱讀的階段就開始思考他們要怎麼和別人傳達他的閱讀經驗。語文是人類傳達思想情感的主要工具，因此語文課也肩負了訓練學生表達和發聲，還有同理、尊重他人想法和情感的公民能力。」

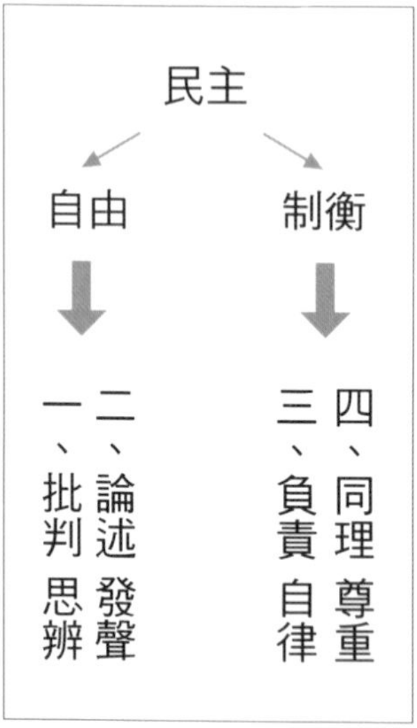

民主素養的四個面向

至於寫作練習方面，除了文學創作以外，這門課也包括文學作品的分析和批評。不論是創作或是批評，文學課的寫作都有很強的主觀性，幾乎沒有標準答案，和寫非文學類的文摘、辯論文比起來，學生享有極大的自由。因為這種自由，很多學生更願意在文學課上放膽發表他們的感受，結果也常讓老師驚喜。

我自己在大學教中文翻譯課時，有個作業是請學生比較和分析瑞典諾貝爾得獎詩人特朗斯特羅默（Tomas Tranströmer）詩作的兩種中文翻譯。這是一首只有六行的短詩，所以在作業後面我留了大約半頁的空白讓學生答題，結果許多瑞典學生光是寫第一行的分析就用了半頁。

瑞典原文（節錄前兩行）：*Osäkerhetens Rike*

Tomas Tranströmer

Byråchefen lutar sig fram och ritar ett kryss
och hennes örhängen dinglar som demoklessvärd.

英文譯文：*National Insecurity*

translated by Robin Fulton

The Undersecretary leans forward and draws an X
and her eardrops dangle like swords of Damocles.

中文譯文一：〈不安全的國度〉

馬悅然　譯

科長俯著身向前畫一個十字，
她的耳環懸掛如威脅的長刀。

中文譯文二：〈危險的王國〉

李笠　譯

部長彎下腰，在文件上打了個叉
她的耳環像達摩克里斯之劍晃閃。

學生們從最基本的時間、空間、敘述觀點和角色界定開始，到音節的安排和節奏，以及詞語的選擇（「畫十字」和「打叉」各有什麼文化意義？）；一直到性別（為什麼登場角色是女性？如果性別換作男性，會傳達不同的訊息嗎？）；還有社會批評（詩人在國家「安全」一詞前面冠上一個否定字首，有甚麼意圖？）；也有學生特別查詢了詩作完成時發生的國際時事，推測詩人想要描寫的特定事件。也總有幾位比較辛辣的學生，把諾貝爾詩人和譯者的表現手法都批評了一番。

看到各種大膽分析，我看得出來學生們一點也不害怕他們的見解「不正確」，所以他們寫得很起勁，我看得也很開心。很多他們提到的角度，都是我一開始完全沒有設想到的。

目前台灣已經有許多教育學者、作家正在對國文教育的改革投注心血，比方說由「深掘萌」和「奇異果文創」製作的一〇八新課綱國文課本，就是朝著以開放式問題引導學生理解和思考文本的方向努力。在引導教學方面，我相信沒有容我置喙的需要，在這裡我想針對瑞典文學課幾個比較特別之處作介紹。

一、透過文學，用肌膚去體會更有溫度的各科學問

法國文學家暨符號學家羅蘭・巴特（Roland Barthes）說：「語言是我們的肌膚，一字一句就像指尖觸摸彼此。」有時候不管讀再多理論、再多數據，也比不上語言文字帶來的溫度。

在十九世紀末和二十世紀初，瑞典有一百多萬人移民新大陸，是當時總人口的四分之一。歷史老師在教這段歷史時，就算使出渾身解數，也很難讓學生理解這個數字背後代表的苦難。於是歷史老師和文學老師配合，讓學生閱讀瑞典作者莫柏（Vilhelm Moberg）的史詩巨作《大移民》。本書的背景是在十九世紀末尾，疫苗、馬鈴薯、長期無戰事使瑞典人口大增，同時資本主義興起帶來的圈地運動（在本書歷史篇將有更多著墨），占去了適於耕作的農地，造成無數農民流離失所，他們通常只有兩種選項，一是在貧瘠的邊際地上掙扎，二是在新興的工業生產線上刻苦。

莫柏（1898-1973），寫下《大移民》系列的瑞典作家。

《大移民》書中的主角是個寡言的小農奧斯卡，年復一年，他和妻子用凍紅的雙手搬挖貧瘠土地上的石塊，在密集的勞動中期待著不成正比的收成。在日復一日的靜默刻苦中，他們聽見遠方的時代巨輪正在轉動，人們開始談起一個叫做新大陸的選項。看著身邊人們陸續動身前往美國，他們躊躇不定，尤其是妻子，她不願意遠離家鄉，也懼怕一路上未知的磨難。

有一天他們四歲的大女兒安娜受洗了，他們特別為她煮了一鍋大麥粥，這對鮮少能溫飽的安娜來說是天大的好消息，她心急地等了半天，最後自己偷偷跑到廚房裡，一勺一勺的把大麥粥灌下肚。未熟透的生大麥在她的肚子裡膨脹，當家人發現異狀時，安娜的胃已經撐破了。當天晚上，妻子坐在床邊陪著女兒經歷整夜的痛苦煎熬，感受她小小的身軀漸漸冰冷。清晨來臨，妻子起身走到奧斯卡身邊說：「我們去美國吧。」

作者在書中細膩地描繪了他們橫跨大西洋的漫漫長路，在經歷各種顛沛，並陸續失去其他親友之後，他們終於抵達位於明尼蘇達州的新家園。知道這裡就是他們的落腳處，農夫和妻子踩著肥沃的土壤，走到安靜的湖畔，倚著樹坐下來歇

今天在瑞典港口豎立著奧斯卡夫婦的銅像，他們是作家筆下的虛構人物，卻也是一百多萬瑞典移民的精神代表。（圖片來源：Boberger. Bengt Oberger [CC BY 3.0]）

息。讀者這時才終於和他們一起，緩緩地吁了一口長氣。

沒有文學作品中精準的情景安排和細膩的感情描寫，同學們很難用肌膚去感受到當時的溫度吧。歷史和社會知識呈現人的命運，而文學作品則刻畫出一張張讓人能夠同情共感的臉龐。

二、文學和性別

女性主義文學批評是瑞典文學課綱的一大重點，從選文到教學都時時從性別視角切入。這包括了解女性作家的創作情況和寫作特色；討論文學作品中的女性形象，分析其中的女性意識等等。因為性別是不斷在發生的議題，老師也常用當代戲劇和影視作品來和同學討論。

一位英文老師和學生一起觀賞ＨＢＯ製作的熱門影集《女孩我最大》（Girls），本劇的編劇兼女主角莉娜・鄧納姆（Lena Dunham）身材稍胖，和我們不斷被媒體灌輸的理想女性體態很不一樣。她在劇中多次裸露，運鏡寫實又直

英文老師在課堂上和同學討論，為什麼美醜這麼重要？誰決定男性、女性美醜的標準？這些標準如何影響我們？

接，完全沒有好萊塢常有的浪漫唯美，有意置觀眾於不適和難堪當中。看完以後老師請學生討論，他們看到這些鏡頭有什麼想法？編劇和導演這麼做的目的是什麼？我們習以為常的審美觀又是從何而來？

我聽到這件事的時候只覺得老師竟然和學生看18禁的影集，這樣妥當嗎？後來才知道原來瑞典沒有18禁，只有15禁。他們認為十五歲的孩子已經開始對性產生極大興趣，與其把性當作禁忌，讓孩子一知半解，或是從不適當的管道得到偏差的性觀念，不如用完善的性教育給予孩子必要的知識，讓他們有能力去分辨是非。也不斷告誡孩子，每個人都要100%尊重自己的意願，以及100%尊重性伴侶的意願。有趣的是，當學生知道老師把他們當作大人尊重，他們在課堂上討論性議題時，也會展現高度的大方成熟。

三、文學是不適合「考試」的科目

瑞典高中的三門國文課中，只有第一門「非文學類閱讀寫作」和第三門「學術閱讀寫作」有直接影響升學的國家標準測試，第二門文學課則是以在校作業成績為主，對升學影響不大。這一方面是因為文學創作和文學分析主觀性太強，在評分標準上不好拿捏。一方面純文學寫作和所謂的「文采」是不是應該當作升大學的依據，也存在討論的必要。另外，讓學生為了考試學習文學，似乎也違背了文學的旨趣。

從這幾年台灣的學測國文寫作題目中可以看出，台灣的作文考題也開始劃分「知性」和「感性」，也就是「非文學」和「純文學」兩種調性的寫作題型。中華智識傳統和官僚考試長久以來很重視寫作中的文學美感元素，也許要完全將純文學剔除在國家作文考試之外是很難的，但是我個人很樂見非文學的寫作題型在國家標準測試中的比重能持續增加。

延伸思考例題

馬克思主義文學批判

對於馬克思主義文學批評，恩格斯曾說：「我認為作者傾向應當從場面和情節中自然而然地流露出來，而不是特別把它指點出來；作家不必要把他所描寫的社會衝突的歷史和解決辦法硬塞給讀者。此外，在當前條件下，小說主要是面向資產階級圈子裡的讀者，即不直接屬於我們那個圈子裡（勞工階層）的讀者，因此，如果一部具有社會主義傾向的小說通過對現實關係的真實描寫，來打破流行的傳統幻想，動搖資產階級世界的樂觀主義，引起對於現存事物的懷疑，那麼，即使作者沒有直接提出任何解決辦法，甚至作者有時並沒有明確地表明自己的立場，但我認為這部小說也完全完成了自己的使命。」

家庭薪資

「家庭薪資」（family wage）是維持一個家庭所需的薪水，傳統上常被視為男性勞工為了撫養家庭成員需要賺的錢。社會主義女性主義學者對這個現象提出質疑，認為在這個安排下只有男性的勞動產生薪水，女性則以沒有薪水的家務勞動來間接獲得男性的薪資，等於是受到社會和性別階層的雙重剝削。

日本漫畫改編而成的日劇《月薪嬌妻》（逃げるは恥だが役に立つ，海野綱彌作，蔡孟芳譯，東立出版社），描述了一名被契約雇用為妻子的女性，和雇主日久生情的愛情故事。請你以馬克思主義文學批判的角度，並且引用社會主義女性主義對「家庭薪資」的質疑，評析《月薪嬌妻》當中角色的衝突和情節的鋪陳。

04

從吸收知識到生產知識——學術寫作和畢業專題研究

畢業研究專題很可能是學生唯一一次自己「生產知識」的機會。學生在找尋題目時必須運用所學，蒐集目前的相關研究，擬定適當的研究題目和方法。在答辯的時候，學生要批判同學的研究方法，也要為自己的研究辯護。親身體驗過以後，學生更能理解從設計一個研究到解釋研究的成果，是一個複雜而且充滿變數的過程。

瑞典國文課的第三門以學術文體的閱讀和寫作為主，這門課只有想要升大學的高中生需要修習，並不是每個高中高職生都必修的。不過，因為每個高中職生在畢業前都必須完成一篇「畢業專題研究」，所以每個學生多少都會接觸到學術寫作的基本形式。

學術寫作課在一學期內有四個較長的寫作作業，其中包括三篇小論文，以及一篇分析報導文。這門課的宗旨除了讓學生精進寫作技巧之外，也包含對「寫作究竟是什麼」做進一步的了解，因此課程內容也包含修辭學、語言學、瑞典語言史和文本分析。還記得我自己以前一邊工作一邊在成人學校修這門課，龐大的閱讀量和每個月的中長篇寫作作業讓我不得不延長修習期限。

不只是對學生，對要經常批改長篇文章的國文老師而言，這門課也是很吃力的課程。記得以前在台灣寫作文，題目通常是幾個字，頂多加上一段引導寫作的文字，而瑞典作文題目常常有好幾頁，從詞彙、結構、格式、邏輯到內容鋪陳，羅列著詳細的要求和評分標準，這些詳細的標準，也會直接反映在老師改作文花費的時間和精力上。

基本上，這門課最大的目標就是培養接受高等教育時需要具備的語文能力。另外到了高三，對大學特定科目有興趣的學生，可以進一步選修進階課程，比方說想念文科的學生可以選擇更深入的修辭學或語言學課程，想念理科則要選修進階數學、物理課程，對申請大學有很大的幫助。

你為什麼要選修這門課？

「你為什麼坐在這裡？」每逢開學，在進階數學的第一堂課上，一位數學老師會在黑板上寫下這句話，請學生們好好想一想。這些學生很少是被父母逼來的，他們多是因為種種因素而對理科產生了興趣，而決定要挑戰難度更高的數學。在開始上這門課之前，他們也必須做好心理準備，在未來面對深難枯燥的數學挑戰時，別忘了當初選修這門課的初衷。

而在學期中，課堂上的學生漸漸減少也是可以預見的事，瑞典老師並不覺得這一定是件壞事。進階課程一方面是傳授孩子未來上大學需要的知識，一方面也是讓學生從體驗中去摸索自己的興趣和天分。他們的能力在哪？願意為這個興趣付出多少？當他們放棄一門課程，也有可能是因為他們找到了另一個自己更願意付出，更能發揮才能的事情。

瑞典高中校園一隅。（圖片來源：skolverket.se）

當孩子們認真地去認識自己，就會開始懂得為自己的決定負責，同時瑞典高中和大學的選課制度相對有彈性，所以孩子們就算走了點冤枉路，也可以回頭補修學分，及時調整方向。在台灣有許多孩子在高中階段無暇去思考太多，往往到了大學階段才發現所選科系和自己並不適合，而轉系轉校、重考又是這麼艱難，在如此年輕又充滿可能性的人生階段，我們也許應該為孩子留下更多容許嘗試和錯誤的空間。

畢業專題研究

畢業專題這門課不分高中高職，是每個高三生的必修課。這門課持續一年，研究主題只要和自己的學程有關（分為社會科、理科、幼保、醫療等），想做什麼都可以。在決定主題後，學校會給學生指派適當的指導老師，並且請瑞典文老師指導論文寫作要點。

高中階段的研究主題自由，內容也偏淺顯簡單，但是架構上必須要完整，從

高職學生常以實習內容為研究題目。（圖片來源：skolverket.se）

前言、背景、問題設定、研究方法到結論和文獻，有嚴格的格式規範。不打算升學的高職生雖然不用上高三國文，但是透過這個畢業專題，也多少能接觸到學術寫作。

這門畢業專題課的背後，有哪些教學理念呢？

一，長期規畫、獨立找尋問題和解答的能力

畢業專題課通常長達一年，學生除了定期和指導老師對談之外，必須自己去尋找題目，訂立一個合理的研究時間表。在高中生聚集的網路論壇，常常看到許多焦慮的高三生在問：「我到底要寫什麼才好？」

我在網上找到很多畢業專題的實例，有個自然組的學生在森林裡設置鳥屋提供鳥類食物，觀察鳥類在不同季節和氣溫下的覓食活動有什麼變化。有個經濟組的學生用問卷調查的方式研究酒類廣告上的警語是否真的能改變年輕人消費酒精的習慣。有個護理科學生整理了市內對CPR急救法的教學和宣傳政策，並和

幾個CPR教練進行訪談，擬定更好的教學方法和宣傳策略。一個美髮美妝科的學生從近年來的時裝廣告中，分析瑞典對「美」的定義有什麼發展。很多高職生的專題和實習內容是相關的，一位就讀工程科的學生在混凝土工程公司實習，她的研究是比較各種製作混凝土地板的程序。我發現高中生的研究方法也許很單純稚嫩，但是都對自己的研究問題有很清楚的界定。在題目終於決定好之後，學生也必須安排好每周每月的進度，如果一拖再拖，就得自食在繳交期限前的痛苦煎熬，擔心畢不了業的苦果。

二，親自體驗生產知識的步驟

瑞典老師雖然鼓勵學生不只是被動的吸收知識，也要主動去彙整、質疑、批判知識，但是在十二年國教中，畢業研究專題很可能是學生唯一一次自己「生產知識」的機會。學生在找尋題目時必須運用所學，蒐集目前的相關研究，擬定適當的研究題目和方法。在答辯的時候，學生要批判同學的研究方法，也要為自己的研究辯護。親身體驗過以後，學生更能理解從設計一個研究到解釋研究的成果，是一個複雜而且充滿變數的過程。這樣一來，也許下一次在報章雜誌中看到「經過研究顯示……」，或是在廣告中看到「經過研究證實……」的武斷敘述時，也會懂得要去問更多的問題。

延伸思考例題

想一想，如果你要做畢業專題研究，你會選擇什麼樣的題目？

05

閱讀習慣養成——補習也沒有用的國文考試

在民主社會裡，每個國民都有了解政治、參與討論的義務，也常常必須處理和吸收複雜的資訊和文字。這些資訊其實不見得很艱深，只是需要一點耐心和技巧去仔細爬梳。而要養成這樣的耐心和技巧，大概沒有比養成閱讀習慣更好的方法了。

在瑞典升大學主要是看在校成績，但是如果覺得自己在校成績不理想，或是高中畢業多年後才決定申請大學的人，也可以參加大學入學考試。瑞典大學入學考試的內容只有語言和數學兩類，一共一百六十題。設計這個考試的團隊很小心地研發題目，希望辨識出有兩種能力的學生，一是演算和邏輯，二是處理和吸收複雜資訊的能力。由於這個考試能反映出一個人對語言和數學的基本素養，每年考題公布後社會人士也爭相作答，以得到高分為榮。

數學	語言
1. 計算	5. 字彙
2. 比較	6. 完成句子
3. 推理	7. 瑞典文閱讀
4. 數據、圖表和地圖	8. 英文閱讀

要準備這個考試，除了數學的前三個部分需要多做高中階段的數學練習題之外，從第 4 ～ 8 部分，大考中心對學生說只有一個準備方法，那就是大量、多元的閱讀，沒有其他捷徑。大考中心在研發題型時以此為準則，致力設計出閱讀量越多，閱讀的內容越複雜多元的人，成績就會越高的題目。甚至是在前三部分，也有很多數學題目是以文字敘述為主，對閱讀理解也是一大考驗。

Läsa och skriva i alla ämnen

Förskoleklass–åk 3

Primär målgrupp: Lärare och förskollärare

Innehåll: Modulen visar hur lärare kan stötta elevers tidiga läs- och skrivlärande. I modulen beskrivs hur lärare kan skapa delaktighet genom att ta vara på elevers erfarenheter.

Exempel på undervisningsaktiviteter:

- Samtala om textvärldar i och utanför skolan
- Strukturera berättande text
- Samla och systematisera fakta

Tidig läsundervisning

Förskoleklass–åk 3

Primär målgrupp: Lärare i svenska och svenska som andraspråk och förskollärare

Innehåll: Modulen visar hur lärare kan arbeta med och bedöma bland annat elevers avkodning, läsflyt och språkutveckling.

Exempel på undervisningsaktiviteter:

- Undersöka fonologisk medvetenhet
- Bygga ordförråd
- Utveckla läsförståelse genom högläsning

瑞典教育部為教師提供從幼稚園到高中的讀寫教學方案。（圖片來源：skolverket.se）

為了最大化被大學錄取的機會，很多想要上熱門科系的瑞典學生選擇兼顧兩種成績，一方面要維持平時在校成績，一方面也要為大學入學考試進行課內外的閱讀。他們的升學壓力也許和台灣在性質上不同，但也絕對不輕鬆。

在閱讀書單方面，瑞典高中各科老師和圖書館會推薦學生各類提升字彙量、理解力，獲取文學、科學知識的書，避免讓學生只埋頭看他們有興趣的書籍。我婆婆畢生都在圖書館工作，她從來沒有干涉過我先生的課業，只有在我先生高三時，隔周從圖書館帶一本書回家要求我先生閱讀。

瑞典學校和圖書館對鼓勵孩子閱讀無所不用其極，不管是人煙多麼稀少的小鎮，圖書館總是有漂亮寬敞的兒童閱讀區，充滿吸引孩子的設計。瑞典醫院和小兒科也不斷提醒爸媽，根據研究指出，每天和孩子一起讀書，對孩子的字彙量和語言發展有顯著的助益。每到夏天，孩子們到圖書館領圖書盒，帶五本書回家，讀完五本書之後，就可以得到一本新書和贈品。這樣的政策和風氣一直持續到十二年國民教育，到孩子長大成人，這大概也是為什麼在手機盛行的今天，在瑞典的火車、飛機上，仍然經常看到乘客在閱讀厚厚的書籍。

暑假圖書盒。（圖片來源：Carl Hallin 攝影，vastgotabladet.se）

在民主社會裡，每個國民都有了解政治、參與討論的義務，也常常必須處理和吸收複雜的資訊和文字。這些資訊其實不見得很艱深，只是需要一點耐心和技巧去仔細爬梳。而要養成這樣的耐心和技巧，大概沒有比養成閱讀習慣更好的方法了。

我曾經問瑞典人，為什麼在瑞典不時興補習班？而瑞典人常反問我，有問題可以問學校老師啊，為什麼要去補習？我這才意識到，台灣補習業的興盛，有很大一部分是因為學生和家長相信準備考試是一種有別於學校老師的專業，是一種只有補教名師懂得的「祕技」。相較之下，瑞典人比較相信學校老師就能協助孩子準備考試，所以也就沒有補習的必要了。至於為什麼會這樣，我想有很多不同的因素，如果單就語文科目的考試而言，瑞典入學考試的準備方式很單純，而且完全沒有考試範圍，所以就算想補習也沒有太大的效用。

目前在台灣，要是教師和學者把「補習也沒有用」當作一個大考的出題準則，大概會受到極大的抗議吧。但我相信只有慢慢往這個方向走，台灣才能離教學正常化更接近一步。

延伸思考例題

一、不健康的生活習慣

瑞典社會局界定了四種最容易提高疾病風險的不健康生活習慣，包括吸菸、飲酒、運動不足和蔬果攝取不足。以下是二〇一八年這四種生活習慣在不同性別和教育背景群體中（二十五—八十四歲的瑞典國民）所占的比例。

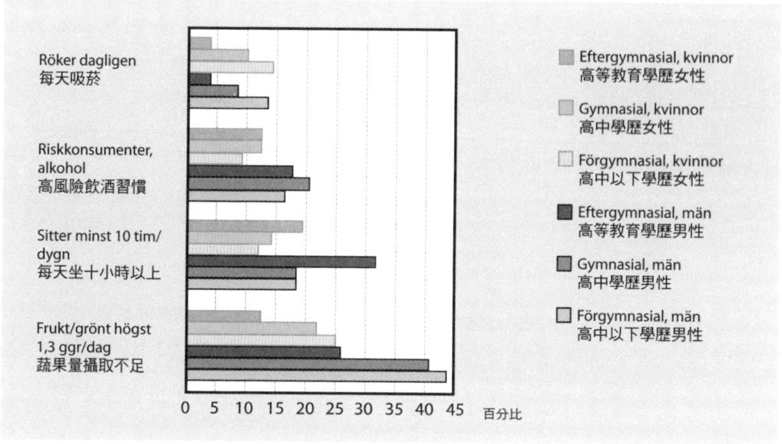

資料來源：Socialstyrelsens öppna jämförelser 2018（瑞典社會局）

1. 是非題：

- 比起高等教育學歷的群體，高中學歷和以下的群體因為不健康習慣而導致疾病的風險更高。（對）
- 高風險飲酒習慣的比例在高中學歷的群體中最高。（對）
- 高等教育學歷的男性蔬果攝取量不足的人數比高中以下學歷的女性多。（不對。我們只看到百分比，不知道人數）

2. 請根據這個數據，思考瑞典社會局為了降低國民醫療支出，應該採取什麼樣的宣導和措施？

延伸思考例題

二、請參考二〇一六年台灣各都市的房租和薪資占比，回答下列問題：

1. 兩個月薪三萬元的社會新鮮人，分別在台北市和台中市租屋生活，他們每月薪水在付完房租後還剩下多少？
2. 請從食衣住行和文化娛樂等方面分析，房租與薪資占比對生活品質可能造成什麼樣的影響？

社會新鮮人與雙薪家庭房租與薪資占比

項目	台北市	新北市	新竹縣市	台中市	桃園市	高雄市	台南市
平均 10 坪套房租金（元）	16480	11410	8570	8480	8040	8170	7790
占社會新鮮人薪資比率	63%	44%	33%	32%	31%	31%	30%
平均 30 坪整層住宅租金（元）	44430	21690	17880	20100	18450	17580	17460
占社雙薪家庭薪資比率	60%	29%	24%	27%	25%	24%	24%

資料來源：「屋比」房屋比價平台；主計處 2016 年月薪數據（雙薪家庭收入以平均每人月薪╳2 計算）

第二篇

歷史科

Part 2

History

06

學校沒教的歷史——一段人、時間和勞動的簡史

八小時工作制的烏托邦夢想，經過抗爭、商議和革命的方式，終於在一百多年之後成為了普世常識。上個世紀末柏林圍牆倒下，俄共、中共接連張開雙手擁抱市場經濟，資本主義大獲全勝，有人說歷史已經走到了終點。但是，勞工的歷史呢？

人類在晝夜和寒暑之間，感受到地球自轉和公轉的神祕步調，繼而去捕捉和定位時光的流動，發展出月、日、時、分、秒等計時單位。在日出而作日落而息的農業社會，世界上各文明都有某種形式的日晷，十五、二十分鐘誤差，在當時並不是大礙；而計時技術也是權威的象徵，朝廷、教堂敲響暮鼓晨鐘，作為人們

依循的準則。後來，機械時鐘的設計以宣揚國家工藝技術之名，在全球各處出現零星火花。

人類在捕捉時間的技術上的精進和普及，曾經有兩個大躍進：

首先是在大航海時代，那時還沒有衛星定位系統，人們發展出使用「時間」來定位「地點」的方法，將所在地時間和本初子午線的時間做比對，推算出確切的東西經度位置。在龐大的殖民利益推動下，歐洲最好的頭腦傾畢生之力，把笨重龐大又不可靠的時鐘，改良成為每個船長手上拿著的精良航海鐘 4.0，這是第一次躍進。

而鐘錶技術的大幅普及，是在工業革命之後，人類的生活漸漸脫離了作物生長的自然框架，同時單位生產價值大幅提高，於是勞動漸漸不再以一季或一日，而是以時數來計算。就在此時，歷史上第一次出現了鐘錶量產公司，人人皆可擁有，也出現了「準時」這一項新美德，這是第二次躍進。

鐘錶工廠生產帶上吐出了無數鐘錶，人們把它戴在手上，也把自己的時間化作了商品，滴答、滴答，在市場上論斤兩販賣。然後，**人化為勞動時數**，**化為成本**，化為會計報表上推演的數字。

工業革命初期，是人類史上工作時數最大的時代。那時不分大人小孩、不分男女，每日平均工作時數是十二～十六小時。說來諷刺，「勤勉」是從農業社會傳承下來的美德，但是我們的老祖宗卻從來沒有像現代人這樣工作過。

一八一七年，一個英國烏托邦社會主義者（他本身也是工廠老闆），提出了「八小時工作，八小時休息，八小時睡眠」的口號，也就是我們現在熟悉的八小時工作制。而這個口號從空想成為常識，花了人類一百多年的時間。

工業革命初期勞工運動的主軸，幾乎都是環繞著限制工作時數這項訴求。一八四七年，英國國會經過多年的爭議，終於簽下了「女人和孩童一天不應工作超過十小時」的法條。一八四八年法國二月革命，為法國人民爭取到了每天工作不超過十二小時的權利。在太平洋另一端，美國礦業勞工爭取十小時工作制，拉著：「八點工作到八點，兩個小時吃飯時間」的訴求標語，如今看來，帶著一點荒謬，一點悲傷。

從十二小時、十小時到八小時，把全世界勞工此起彼落的抗爭一字排開，這其中的舉步維艱和腥風血雨，令人怵目驚心。此時期的勞工運動也成為歐美革命浪潮的主要動力，抗爭者走進法國國會，把原本占據了立法機制的貴族和紳士們硬生生擠到大廳的右邊去，成為歷史上第一批稱作「左派」的人，從此左派歷史的巨輪，分別在體制內、體制外，用商議或革命的方式，刻畫出了不同面貌的歷史軌道。

一八六〇年代，美國勞工通常一天工作十小時，一週工作六天。在工會組織相繼罷工下，各州政府陸續簽訂八小時工作制的法條，但是法條充滿漏洞，執法力道不足，而其中最讓勞工不滿的，就是減時也減薪的假退讓：要八小時是嗎？好啊，那麼薪水也要一起減。這個看來合邏輯的做法，讓勞工為了維持生活依然必須加班，改革有名無實。（以上這一切，是否在今天的台灣都似曾相識呢？）

一八八七年五月一日，八萬名美國芝加哥的勞工走上街頭，大喊「一天八小時，薪水不能減！」（Eight-hour day with no cut in pay.）這就是史上第一次五一勞工遊行。這次罷工連結了全美國一千兩百家工廠，超過三十五萬名工人。兩天後，罷工團體和工賊發生衝突，受命保護工賊的員警在混亂中往人群掃射，槍殺

1882 年紐約勞工大遊行。

了數位民眾，其中包含兩名工賊。在接下來的一場抗議中，一顆土製炸彈在乾草市場引爆，導致七名員警，和至少四位勞工身亡。（在罷工衝突中受傷的民眾常因害怕被逮捕而不敢就醫，所以難有確切的死傷數字。）後來當局逮捕了一百多名工會幹部，在幾乎沒有罪證的情況下，四位最具影響力的工會領袖被處以絞刑。

這次事件平息之後，芝加哥政府立了一尊員警銅像紀念殉職同仁。這個銅像不斷被勞工蓄意毀損，又不斷修復、遷址。一直到下一個世紀，芝加哥政府才為在這次大罷工失去生命的勞工也樹立了紀念碑。

不管樹立誰的銅像和誰的紀念碑，罷工者、工賊、員警其實都是歷史的輸家，而真正的贏家，永遠都是那些坐在會計報表後面運籌帷幄，把人力化作數字進行精算的人們。

接下來美國勞工組織持續在限制工時的路上前仆後繼，強悍的工會如印刷、建設、鐵路業陸續取得八小時工作制，但大環境阻力也絲毫不讓步。一九〇五年，美國最高法院釋憲，認為立法限制工人一天只能工作十小時，違反了美國憲法第十四條人民簽訂契約的自由。說白話一點，就是不能剝奪工人想要工作超過十小時的自由（這聽起來是否也很似曾相識呢？）。

這是一個極具有時代意義的判決，凸顯了美國極端重視個人自由、主張放任市場的特質。而在十幾年之後，美國的大法官也終於意識到，勞資雙方簽訂契約的權力地位並不是對等的，因此開始推翻這項釋憲判決。從此時，也開始有美國總統候選人把限制工時作為競選的政見。

大約在同時，在無論工業化或民主法治進展都比歐美慢一步的俄國，人們早已失去耐性，共產革命呼聲越來越高。一九一七年十月革命，共產黨直接闖進了皇宮，革命後四天，蘇維埃政府開始實行八小時工作制。十月革命的成功讓其他國家的勞工組織受到鼓舞，如火如荼地展開罷工抗爭，各國共產黨也得到前所未有的熱烈支持。

後來共產極權統治的荒腔走板，我想不需要我多說，從小課本上毛澤東、史達林的頭像，就是邪惡的化身，而「反共」，似乎就是絕對的正義。其實對當時的上層階級來說，如果還有什麼比勞工組織（organized labor）更讓他們睡不安穩的，大概就是共產主義了。面對共產勢力的興起，歐洲政經高層六神無主，這種

美國左翼雜誌 Solidarity 呼籲勞工組織起來的漫畫（1917 年）。（圖片來源：Ralph Chaplin）

緊張關係讓許多國家只好步步退讓，陸續簽訂了八小時工作制。而在同時，紅色恐慌也造就出許多反共陣營的獨裁者，如希特勒、墨索里尼、佛朗哥和蔣中正，他們都是以反共訴求獲得政權。

接下來，從西班牙內戰、二次世界大戰，到冷戰，全世界都捲入了這場意識形態的戰爭。西班牙內戰和我們熟悉的國共戰爭性質相似，可以說是基於意識形態衝突而導致內戰的最早代表。當時西班牙左翼勢力人民陣線得到蘇聯援助，右翼勢力則受德國希特勒和義大利墨索里尼支援。而在歐美上層社會陷入恐紅的同時，也有數千名來自英美法的知識份子，例如美國作家海明威，飄洋過海為人民陣線而戰。

後來西班牙內戰由佛朗哥率領的右翼勢力獲得勝利，這場內戰也釀成了世界二次大戰的國際對立情勢。漫長的二戰過去了，在冷戰期間，遠東、南美相繼成了美國和蘇聯的角力場，在國共之戰、韓戰、和越戰後，東亞被一刀劃過，留下了現在身處台灣海峽這一端的我們。

這段歷史是何其恢宏龐雜，我在這裡只是簡要統整幾段瑞典高中都必修的勞工運動史。了解了勞工史（Labor's history 或 People's history）在瑞典義務教義中占的份量之後，我才察覺台灣課堂上教的全是帝王將相、菁英紳士的歷史，嚴重缺乏勞工史的這項事實。

我年輕時曾經開口閉口「我認為……」、「我覺得……」，帶著斬釘截鐵的自信。直到有天來到和台灣截然不同的瑞典社會，我才發現，至今我拿來構築世界觀的知識和材料，都有一個很關鍵的缺角。在慢慢去發現和填補這個缺角的過程中，我的價值觀漸漸產生變化，曾經斬釘截鐵的信念，變成隨時需要檢視的立場。

當然我並不是說把這個缺角補上後，價值觀就一定要改變，讀了勞工歷史之後仍然選擇經濟自由主義的瑞典人也不在少數。我只是多麼希望，台灣孩子的「信念」，也可以是在獲得更全面的資訊後，所做出的選擇。

除此之外，我也認為勞工史和左派意識，本應是屬於普羅大眾的知識，台灣在義務教育期間不講授，推遲到高等教育的特定科系中才讓學生接觸，使得左派思想始終擺脫不了濃濃的學院味，實在是非常吊詭的現象。我相信在一般社會政策討論中的勞工階級意識，也絕不是，也不應該是要受過高等教育、讀過高深左派思想文本才能理解的。

八小時工作制的烏托邦夢想，經過抗爭、商議和革命的方式，終於在一百多年之後成為了普世常識。上個世紀末柏林圍牆倒下，俄共、中共接連張開雙手擁抱市場經濟，資本主義大獲全勝，有人說歷史已經走到了終點。但是，勞工的歷史呢？

在冷戰結束後的幾個東亞國家，「勤勉」、「刻苦」等傳統美德的幽靈仍在遊蕩，美國文化的影響讓我們信奉經濟自由主義，卻又缺乏勞工組織傳統，這種種因素，都讓我們受薪階層的工時倒退回上個世紀，位居世界前幾位，而且這一次，從藍領到白領無一倖免。

目前臺灣《勞基法》規定每月加班時數以四十六小時為上限，但是在檯面下每個月加班超過一百小時的例子俯拾即是，二〇一六年台灣年工時在世界排名第六。當父母的工時長，孩子也只好長時間待在學校和補習班，父母下班接孩子回到家，一邊回上司傳來的 LINE，一邊督促孩子寫功課，就這樣，一天又過去了。

工業革命之後近兩個世紀以來，世界的勞工前仆後繼，喊破了喉嚨只為了提醒社會他們不是成本數字，而是一個個的人。而在臺灣，人們的臉龐又開始模糊，化作一個個不合理的加班時數。

在社會上有少數人何其有幸，他們對工作有超常的熱情和能力，自發性地想以工作為生活主軸，這當然是很棒的事，但是以「勤勉」之名，把不健康的工作生活平衡當作「職業道德」套用在大多數人身上，說穿了，不過是資方想壓低成本的好聽藉口罷了。除了職業道德之外，資方還有很多好用的藉口，比方說產業會出走，經濟會停滯，大家都會沒有工作等等。如果我們回頭看看歷史就會發現，造成失業率最大的原因，往往是自然發生的經濟循環週期，或是產業轉型帶來的結構性失業，與工會組織存在與否並沒有直接的關係。

瞭解這部歷史的前半部，也許並不能告訴我們下一步要怎麼走，但至少能幫助我們更清楚掌握自己現在的位置，並決定在翻開下一頁時，要採取什麼樣的立場和姿態。

延伸思考例題

「水螺」是中南部農民對於糖廠上下工汽笛訊號聲的稱呼，「水螺」聲不只是一種時間訊號，它標示著一種截然不同的工作方式，代表了一種新的社會生活作息規律的登場，更揭櫫一種新時間觀念的生成，此即所謂「格林威治標準時間」。今日我們對於這套標準時間早已無知無覺習以為常，可是在一百年前的台灣，它卻是一個全新的事物。（呂紹理，《水螺響起——日治時期台灣社會的生活作息》）

1. 試著想一想：農村社會與工商業社會一日作息與時間的概念的差異為何？為何會有這樣的差異？

2. 請閱讀《水螺響起——日治時期台灣社會的生活作息》，對照本章介紹的時間與勞動簡史，嘗試尋著同樣的「歷史路徑」思考台灣過去一百年來「時間」概念的建立，與產業與勞動歷史之間的關聯？

以上題目感謝台灣高等教育產業工會研究員，桃園市機師職業工會研究員　陳柏謙提供

3. 請閱讀〈台灣郵電工人與他們的《野草》：紀念郵電歸班大遊行七十週年〉（陳柏謙，苦勞網）。查一查，台灣早期還有哪些工人運動？請你選擇一個工人運動，在課堂上向同學簡單彙整這個運動的事發經緯。

07

勞工運動史和民主化的意義

民主作為一套政治哲學，其中一個關鍵的要素就是「自由意志」。選舉制、法治、媒體等，都是讓自由意志普及全民的媒介。然而不同人或不同群體的自由是會產生衝突的。這時以透明的程序和法制來互相制約、妥協，找到理性、非暴力的方式解決問題，則是永不停歇的民主化路程。

在上一章我介紹了瑞典歷史課對全球勞工運動史的著墨，而在這一章我將介紹瑞典史上幾個重要的勞運事件，以及瑞典課綱對這段歷史的詮釋。

瑞典一向以重視勞工權益和工會組織聞名，所以我對瑞典歷史課綱特別強調勞運歷史並不感到驚訝，但是我注意到，瑞典國內百年來風風雨雨的勞工運動，是被放在「瑞典的民主化過程」這一個章節，在歷史課堂上教授。

民主化？瑞典勞資衝突最深刻的時期是一九〇〇年的初期，當時瑞典已經達成了全民投票以及司法獨立這兩個民主化的主要里程碑，算是一個民主國家。勞工運動和民主化有什麼關係呢？在詳細說明前，請先聽我述說幾個瑞典勞運史上最著名的事件。

現在瑞典工會罷工的時候，大家通常待在家不去上班。在公司門口，會有幾個穿著「罷工侍衛」背心的勞工輪班站崗，他們有時候演說，有時候回答好奇民眾的問題，或是接受媒體採訪。

一個世紀前，罷工侍衛的工作沒那麼文明。他們埋伏在工廠門口，只要見到來上班的工賊就一陣毒打，打到他們不能工作為止。為了保護工賊，資方可以請警方協助，在衝突中罷工侍衛被員警打傷的情況也時有耳聞。一九〇八年，有資方從英國運來一整船的工賊，他們白天在警方的保護下工作，晚上就回船上睡覺。

從海外輸入工賊是極具挑釁意味的舉措，這表明了不管瑞典國內勞工再怎麼努力團結，資方也可以老神在在。在一個夏天晚上，激進的極左團體在睡滿了英

被炸開的船艙。（圖片來源：Dagens Arbete da.se）

國工賊的船艙裡放了一枚炸彈，剛好那天天氣炎熱，大多英國工賊跑到甲板上睡覺，船艙裡的炸彈炸死了一名工賊，造成十三名輕重傷。

在炸彈攻擊發生之後，主謀者安東・尼爾森（Anton Nilson）被判處死刑，但是民眾開始同情安東，越來越多人為他請願。一九一七年，距今一百年前，十三萬民眾聯名簽署請願書，希望政府釋放安東。當年五一勞動節，一萬名勞工衝進監獄「拯救」安東，員警威脅民眾如果不撤退就直接射殺安東，最後拯救行動以失敗收場。這個衝突讓瑞典共產黨等極左政治勢力的聲勢如日中天，瑞典政府終於在年底決定釋放安東。後來安東活到一百零一歲。

這次極左恐攻發生之後，勞工和工賊間的暴力事件不斷重演，勞工運動造成的經濟損失也越來越大。勞工組織雖然受到偏左群眾的同情，但極度反工會的群眾也為數眾多。當時有許多來自中上階層，意識形態偏右的大學生成為「自願工賊」，到各工廠支援資方。也有人在當時的高失業率中看到商機，成為「工賊仲介商」，專門受資方委託提供旗下的「派遣工賊」，並以此致富。也有許多勞工透過工會抗爭之後遭到秋後算帳，在長期失業之後，竟不得不成為職業派遣工賊。

1986 年 99 歲的安東 · 尼爾森參與勞工集會。（圖片來源：Dagens Arbete da.se）

總括一句，當時瑞典社會可以說是分崩離析，充滿矛盾。

一九三〇年，瑞典阿達倫鎮上的木材製漿工廠接到一大筆來自美國的訂單，為了因應增產，他們擴大員工數量，同時宣布降低整體工人的薪資。製漿廠工會在夏天向廠方要求進行薪資談判，但是遭到廠方不斷拖延。眼看秋天和冬天過去了，海上結冰消退，貨船在港口等著出貨，這時阿達倫全體勞工組織進行了橫向連結的「同情罷工」，所有工人都拒絕幫廠方將貨品搬運到貨船上。已經做好最壞打算的廠方馬上請來一批工賊，並請當地警方保護他們。

出貨迫在眉睫的廠方、深怕遭資方敷衍的勞工、長期失業的派遣工賊，大家都卯足了全力捍衛自己的利益。在警方視線不及的地方，勞工組織多次打傷工賊，著急的廠方向警方施壓，於是警方呼叫了瑞典軍隊支援。當時瑞典軍隊傾向偏右，勞運份子「野蠻暴戾」的名聲在軍中流傳已久，軍人個個精神緊張，嚴陣以待。一九三一年五月十一日，三千多名阿達倫勞工組成龐大的遊行隊伍，前往軍隊防守的港口示威。在緊繃的情勢下，衝突一觸即發，軍方朝著手無寸鐵的遊行勞工開槍，造成五名勞工喪生。

如今在阿達倫鎮可以找到喪生勞工的墓碑，碑文上寫著：

這裡躺著一名勞工
他在和平的年代被子彈射殺
他的罪名是飢餓
他不應被遺忘

社會主義大致分成兩種路線，一種是激進的革命派，以共產主義為代表，主張以社會主義替代資本主義。而另一種是和平修正派，以社會民主主義為代表，主張運用社會主義來修正資本主義。

阿達倫事件之所以在瑞典歷史上具有如此大的意義，在於它給瑞典刻畫出了一條修正資本主義的中間路線，也就是後來我們熟知的北歐模式。

阿達倫事件的第二天，全瑞典都沸騰了。各地勞工組織都走上街頭，所有政黨都在找罪魁禍首。當時掌權的偏右政黨怪罪工會暴力蠻橫，極左革命派則指責資方和政府是殺人兇手。

阿達倫事發前一天，勞工闖入工賊正在工作的船上，據說打傷許多工賊。（圖片來源：Dagens Arbete da.se）

阿達倫事發當天浩大的遊行隊伍。（圖片來源：Dagens Arbete da.se）

在雙方僵持不下之際，社會民主黨表示：「這場悲劇證明了瑞典缺乏一個有力的規範機制，讓勞資雙方可以在互信的前提下各退一步。」在這麼熱血的時刻，這個發言把左右兩派都得罪了，連社民黨旗下的幾個勞工組織也氣得跳腳。

但是在一年後的大選，社民黨獲勝了。經過了幾十年的暴力衝突，也許民眾對勞資雙方的對峙已經疲倦。如果不是因為資方擁有請工賊這條退路，阿達倫的工會組織也不會需要進行過激的聯合罷工。如果不是因為過激的罷工，資方也不會需要軍警涉入進行鎮壓。各方一昧地卯足全力，最後效果卻適得其反。

一九三八年，社民黨政府居中調節，和全國勞資雙方代表坐下來，尋求共識。這個會談的結果，就是在勞權歷史上著名的「沙堡勞資協定」。這個協定禁止資方請工賊，並規範談判義務，同時規範勞方的罷工規模，把勞資雙方的力量同時削弱，和平談判也成為可能。這個協定成為後來類似協約的樣本，瑞典也被視為以和平手段提升福利的典範。而這條通往和平和文明之路，是踩著染血的道路走出來的。

那麼，這段勞權發展，究竟和「民主化」有什麼關係呢？

目前用來評定一個國家是否民主的「民主指數」（Democracy Index），對民主國家的定義是：一、人民的基本權利和自由受到制度保障；二、統治權不被少數人把持；三、受到監督和制約的獨立權職（行政、立法、司法分立）；四、自由、多元的媒體。

這四項都達到標準，就可以稱為健全的民主國家。但是這四個條件，其實是達到民主價值的手段，也就是民主價值的外在表現。

民主思想主張與其讓少數人擁有為所欲為的絕對自由，不如確保和規範每個人的相對自由，這樣才能給更多人帶來更大的幸福。民主作為一套政治哲學，其中一個關鍵的要素就是「自由意志」。選舉制、法治、媒體等，都是讓自由意志普及全民的媒介。

然而不同人或不同群體的自由是會產生衝突的。這時以透明的程序和法制來互相制約、妥協，找到理性、非暴力的方式解決問題，則是永不停歇的民主化路程。

根據這樣的民主化定義，就能理解瑞典的勞資衝突歷史和「沙堡勞資協定」，

斯德哥爾摩的勞工遊行，標語寫著「殺人政府下台」。（圖片來源：Dagens Arbete da.se）

為什麼會是民主化程序的教科書範例。瑞典在一連串試行錯誤之後，政府、勞方、資方達到了最合理有效的妥協。在這個程序中沒有一方是無私的聖人君子，也沒有人必須向絕對的權威低頭，而是大家為了己利，透過權力的賦予或限制，去找到最永續的協商方式。

轉型正義並不是針對族群，而是針對公權力

阿達倫事件發生之後近百年來，瑞典政府再也沒有對民眾出動過兵力，國會在六〇年代更明定了法條禁止。他們了解到，軍隊的訓練目標和心理狀態是以攻擊敵軍為主，因此讓軍隊和民眾對峙，絕對不是明智之舉。同時，瑞典警方也不斷革新訓練方式和動員程序，力圖以最少的暴力控制民間的衝突。

但是美國九一一事件發生後，瑞典國會開始有政黨提出當民眾可能受恐怖行動威脅時，政府必須能夠動用軍力。一世紀前，瑞典政府出動軍力控制暴力的勞資衝突，結果是五位無辜的勞工再也沒有回家。一世紀後，面對難以預測、界定

的恐怖行動，是否應該再次賦予政府這項權力？你覺得呢？說完阿達倫的故事，歷史老師在課堂上拋出了這個問題，引起了學生激烈的爭論。

在臺灣，國家軍警也曾經對手無寸鐵的百姓開火，現在我們每年二二八紀念日都放假一天，紀念這些喪生的百姓。這一天的意義並不是重演仇恨對立，而是在警惕過去的同時，慶祝台灣民主化的成果和前景。

我還記得一九九七年二二八紀念日正式成為國定假日時，我對這個事件有多麼陌生。隨著越來越多歷史記憶被還原公開，也釋放出越來越多對立和憤怒的情緒。面對這樣的情緒和指控，不少人再三強調當時外省人被本省暴徒傷害的事實，似乎將暴徒形容地越殘暴，國家的鎮壓就顯得越正當。

就民主化的意義來說，國家和百姓之間的力量存在著絕對的不對等，因此當民間發生暴力衝突或抗爭，國家力量介入的方式就是關鍵。越是民主化的國家，對運用軍警的方式也會越趨於謹慎。

在二二八事件期間，民間確實有本省暴徒傷害外省人的現象，就像瑞典勞工組織的暴徒也曾經傷害工賊和員警。然而國家向百姓動用軍警武力，則是屬於另一個層次的威權暴力。每一種威權暴力都是民主化過程中，必須徹底公開、反省、改革的膿瘡。

在二二八事件後數十年的白色恐怖期間，無論「本省」、「外省」人都曾被以同情共產主義的罪名，受到強行羈押和處刑。轉型正義的對象應該是公權力，而不是特定族群。

當然我們不能忘記，中國和台灣當時是處於非民主政權下的戰亂時期。在面對社會問題時，非民主政權傾向以「平亂維穩」為第一優先，加上長期戰爭使人對暴力麻木，這都使二二八事件的傷害遠遠嚴重於發生在和平民主社會的阿達倫事件，規模上更接近西班牙佛朗哥將軍對左派民眾的血腥鎮壓。無論如何，此類悲劇的規模有大有小，但是威權暴力的本質是一致的。

這幾十年來，台灣對威權暴力的容忍度陡然下降，現在要臺灣政府用軍力鎮壓百姓，用祕密員警強行羈押處刑民眾，簡直是匪夷所思，這是台灣各政黨共同達成的民主化成果。

今天的民主國家，包括臺灣和瑞典，都曾有一段黑暗的過去，只有當這些悲劇衝撞出文明可能性，殞落的生命才不算白費，這也是民主制度中一種讓社會不斷自我療癒的功能。

阿達倫事件發生期間掌權的瑞典右派政黨，他們在徹底反省、謝罪、改革之後，至今仍是瑞典的重要政黨。二二八事件和白色恐怖是發生在非民主和非和平時期的典型悲劇，國民黨政府在那個時空下的作為，並不一定要威脅到今天國民黨作為一個民主政黨的正當性，真正嚴重威脅其正當性的，是對此議題的迴避忌諱，以及對過去或現在的非民主政權表示懷念和欽慕。

不瞭解過去，我們很難深刻體會生在和平民主的社會是何其有幸。臺灣曾經是什麼模樣？我們又是如何走到現在？學習過去黑暗的歷史並不是為了激起仇恨，而是了解自己民主化路上的位置。

延伸思考例題

由於缺乏工會傳統，今天的臺灣勞工可以說是比一百年前的歐美勞工還要弱勢，因此政府也成了完善勞資協商保障的關鍵角色。你覺得臺灣的資方和勞方應該各自享受什麼樣的權力，和受到哪些限制？為什麼？

08

歷史第一章教什麼？——歷史的用途和史料批判

歷史有許多「用途」，同時也有遭到「濫用」的風險，空泛的歷史符號可以很快地凝聚認同，同樣的也能凝聚仇恨。身為讀歷史的人，我們首先必須意識到這一點，學習用謹慎的眼光去看待被人創造出來的歷史知識。

還記得以前讀高中時，歷史第一冊第一章，是關於華夏人類起源，學習內容包括了在中國境內發現的北京猿人、山頂洞人，以及華夏史前文化。這一章向來不是考試的重點，我囫圇吞棗地背了下來，在懵懂中認定了北京猿人就是中國人的起源。

瑞典高中歷史也教人類起源。在課堂作業裡第一個題目是請學生說明關於人類起源，「多地起源說」和「單地起源說」有什麼不同？它們各自以什麼研究為理論依據？第二個題目是一張世界地圖，請學生根據「單地起源說」，描繪現代人祖先從非洲遷徙到世界各角落的路徑。

從一九九〇年代已降，考古學、遺傳學界因為DNA技術的演進，達成許多重大的突破。曾經歐洲人很想相信高加索人擁有自己的祖先，華人也想相信我們是「龍的傳人」，但是在科學驗證下這些學說一一被推翻，現代人類來自非洲的理論已經被多數學者接受。而我查了一下現在的台灣高中歷史課本，許多版本乾脆跳過了北京人、山頂洞人、智人等關於史前「人類」的闡述，直接從華夏和世界的史前「文明」為切入點開始第一個章節。

我們的祖先是誰？從何而來？世界上各種族的起源為何？人種之間的差異多大？這些知識又是怎麼產生的？教授史前史，可以讓學生背誦許多史前文化的名稱；也可以跟隨近代歷史學者的腳步，去探索世界人類的起源和分布，挑戰學生的史觀和對世界的既定印象，了解這些學說如何和國族、種族意識交互影響。同樣的知識擺在眼前，教法可以這麼不同。

事實上，關於史前時代和人類起源的章節，在瑞典的歷史教科書中是安排在第三章。歷史課本翻開來，第一章是談歷史的本質，第二章講的是史料批判。

學歷史之前，先問「歷史」是什麼

瑞典高中歷史課本的第一章是關於歷史的意義、用途和風險。一開頭先說明了「過去」和「歷史」這兩種完全不一樣的概念。在本書第一篇我談到，「新聞」並不單單是對「事件」的紀錄，同樣的「歷史」也不單是對「過去」的紀錄，而是各代史家用他們的觀點和需求來為「過去」賦予意義，成為歷史。相較於探索客觀世界的自然科學知識，我們在歷史課學的「歷史」可以說是一種相對人造的、充滿意圖的知識。

說到這裡，很多歷史老師問班上的同學：「你覺得你們是維京人嗎？」這時有同學很肯定地點點頭，也有同學歪著頭陷入沉思。歷史老師又問：「維京時代大約是什麼時候？」這個問題對歷史比較有興趣的同學都能回答：「公元八世紀到十一世紀。」歷史老師說：「沒錯，那你們知道，『維京時代』這個詞是什麼時候開始出現的嗎？」同學開始議論紛紛，還有同學問：「維京時代不是維京人自己取的嗎？」

後來答案揭曉，維京時代這個名稱是在十九世紀才被正式「發明」出來的。「維京時代」和歐洲的「中世紀前期」大致上是重疊的，也就是說瑞典當時的歷史學家只是把「中世紀前期」換了一個稱呼。那他們為什麼要這麼做呢？在十九世紀初拿破崙引發的歐洲戰亂中，瑞典王國一邊遭俄國占領了芬蘭，一邊從戰敗的丹麥手中得到挪威。北歐幾個兄弟國在幾個世紀的互相征討下，到此時已經分崩離析，加上民族主義的興起，各國人民都開始鼓吹獨立的民族政府。在這樣的時代背景下，剛得到挪威的瑞典國王亟需彰顯斯堪地那維亞的同質文化認同感，希望有朝一日能夠建立起斯堪地那維亞王國的榮耀。

當時瑞典的知識份子回溯歷史，跳過以往幾百年的手足相殘，不斷往前翻，終於找到一個幾乎沒有歷史記載的前中世紀時期，決定善用它的空白，來刻畫出象徵斯堪地那維亞共同體的黃金時代，這就是「維京時代」的誕生。

斯堪地那維亞認同。出自瑞典高中歷史課本（Perspektiv på historien 1）。

現在維京人的形象已經深植人心，但其實是以想像的成分居多。出自瑞典高中歷史課本。

現在關於維京時代的論點和敘述，有很多是由傳說和想像交揉而成，並沒有史實根據。當人民想要民主，歷史學者就塑造出「維京文化」崇尚民主平等的形象，當各國民眾崇敬各自的民族英雄，歷史學者就塑造出通用於各國的維京英雄。

「是不是很方便？」聽老師這麼問，大家都笑了。其實「維京時代」的例子一點也不特別，在當時，歷史的一大用途就是左右和凝聚人民對宗教、國家、民族的想法。許多很有群眾魅力和說服力的政治人物都善於此道，例如希特勒，就經常在演說和宣傳中強調德意志民族的古老歷史淵源。

歷史有許多「用途」，同時也有遭到「濫用」的風險，空泛的歷史符號可以很快地凝聚認同，同樣的也能凝聚仇恨。身為讀歷史的人，我們首先必須意識到這一點，學習用謹慎的眼光去看待被人創造出來的歷史知識。

史料批判

瑞典歷史課本的第二章談的是史料批判。檢視史料的原則和在第一篇提到的檢視資訊來源的四大原則相同，分為：一、時間點原則；二、第一手原則；三、可信度原則；四、傾向原則，只是在歷史課堂上，檢視的對象成了史料。

這個章節提醒學生史料檢視的原則和重要性，而接下來的每一堂歷史課則都是檢視史料的練習。比方說在談到基督教歷史時，老師給兩段《新約聖經》裡關於耶穌治療病人事蹟的記載，一段從《馬可福音》中擷取，一段則是《馬太福音》的片段。題目說：「根據研究指出，這兩段記載都是在耶穌受難後完成，而《馬太福音》又比《馬可福音》晚了約三十年。現在請以這個研究結果為出發點，用史料分析的『時間原則』來解釋這兩段記述的異同。」如果學生們理解史料分析原則，應該能以歷史記載的時間點來論述這兩段耶穌事蹟的可信度、相互依賴性，以及撰寫人的傾向。比方說，比較晚寫成的史料雖然離實際歷史事件較遠，但經常有更詳細或誇大的情況，由此可以判斷出撰寫人的目的傾向等等。

在談到傾向原則的時候，歷史課本有個插圖我覺得很有意思，照片裡是IKEA 創始人坎普拉（Ingvar Kamprad）手上拿著一本 IKEA 的廣告型錄。插圖旁邊敘述：「當一個企業寫自己的企業史時，會讓人很難分辨這到底是企業史，還

高一歷史第二章：史料批判。出自瑞典高中歷史課本。

IKEA:s grundare Ingvar Kamprad personifierar hjältebilden av entreprenören som en gång startade med två tomma händer. När företag skriver sin egen historia är det ibland svårt att skilja historieskrivningen från en reklambroschyr. Det samma gäller när politiska partier eller andra organisationer ger ut böcker om sig själva.

tendens som vi måste ta hänsyn till när vi bedömer dess information. Grundregeln är enkel: vi bör inte lita på tendentiösa källor som står för sig själva. De måste kompletteras: genom källor utan eller med annan tendens.

Inom den politiska historieskrivningen är tendentiösa källor ett ständigt gissel – så finns det knappast ett krig i världshistorien som startat utan att motståndarlandet fått skulden. Men också ett på ytan tillförlitligt material som statistik kan dölja tendensproblem. Så har exempelvis all jordbruksstatistik i Sverige fram till slutet av 1800-talet dömts ut som oanvändbar. Eftersom staten saknade resurser att gå ut och kontrollera hur mycket spannmål som odlades på varje gård i riket måste man ta hjälp av bönderna. De var rädda att skatten skulle höjas om staten fick reda på hur mycket de odlade. Därför uppgav de för låga siffror. Kanske saknas en tredjedel av produktionen, kanske hälften.

IKEA 創始人寫的 IKEA 歷史，是歷史，還是廣告宣傳？國家要我們念的歷史，是歷史，還是廣告宣傳？出自瑞典高中歷史課本。

是這家公司的廣告。當政治人物、組織描寫自己時，也是同樣的情形。」

近代史豐富的紀錄和資料為史料檢視提供了很好的教材，比方說上一章提到的阿達倫事件，就是一個很好的範例。阿達倫事件發生之後，當時的政府、軍隊和各工會、政黨都透過媒體發表報導，不同立場的報導對阿達倫事件的描述完全不一樣。有的報導說勞工手上拿著槍，有的報導說勞工對軍隊開槍，在另一方面，偏工會媒體則表示勞工手無寸鐵，還有報導說當時軍隊長官拿槍指著士兵的腦袋，逼士兵開火。各種加油添醋、戲劇化的報導，讓人看了眼花撩亂，學生必須學著從媒體性質和撰寫者的取向去判斷其中的可信度。

阿達倫事件還有一個很動人的插曲，那就是在當天的遊行隊伍中，有個曾經在瑞典軍隊服役的小號手，走在遊行隊伍最前頭演奏音樂。就在情勢一觸即發，軍方開始向民眾射擊時，這位小號手在槍火中拿起小號不斷地吹奏他以前在軍隊學會的〈停火令〉，一共吹了二十一次。據說當時很多士兵誤信了他的〈停火令〉而停止射擊，也就是說如果沒有他，也許當天死傷人數會更多。這位小號手很清楚以平民身分吹奏軍令是違法的行為，後來他受軍法審訊，所幸得到各方幫助而沒有遭到刑罰。今天這位小號手已經近九十歲，仍然在工會中活躍。

這段插曲後來也出現在各種以阿達倫事件為背景的小說、電影中，為眾人所傳頌。然而在歷史課上，歷史老師和學生一起在國家圖書館和資料館查找關於這段插曲的目擊資料，以及後續軍法審訊的紀錄，過了一陣子學生們會察覺，關於這段插曲的史料來源只有一個，那就是出自這位小號手阿雷斯朋（Tore Alespong）之口。

面對這樣的史料，我們應該如何看待？歷史老師說，他很願意相信阿雷斯朋真的吹奏了〈停火令〉，也很尊敬他的勇氣，但是這對阿達倫事件產生的效果和後續的發展，是否真如他本人說的那麼戲劇化，在更好的證據出現之前，我們必須在心裡有所保留。在讀歷史的時候，我們常常會很想相信某些事，或是不想相信某些事，徹底檢視史料，是讓腦袋冷靜下來的好方法。

過去已經發生了，但是歷史詮釋是流動的，在開始正式上歷史課之前，學生必須先記得要不斷去質疑課本上的知識，要檢視史料，另外，還要試著從唯物、唯心史觀，從歐洲中心、國族中心，從女性、勞工、原住民等角度去看待歷史，才能避免被寫歷史的人牽著鼻子走，被錯誤的信息誤導，或是陷入單一視角的窠臼當中。

小號手阿雷斯朋。（圖片來源：svt.se）

延伸思考例題

1. 查一查，「元朝」這個歷史年代是從哪一年開始的？和蒙古帝國有什麼關係？

2. 請你選擇臺灣一九四〇年代以來的一個歷史事件，查找關於這個事件的「第一手史料」。你是怎麼找到這些「第一手史料」的？容易找到嗎？請用檢視史料的原則分析你找到的史料。

09

種族和階層偏見——吉普賽人為什麼不工作？

在困境中的人，需要知識改變命運。在困境外的人，需要知識去全盤理解苦難的源頭和改善的可能性。不同階層和文化之間，需要知識去化解恐懼和猜忌。

有天我先生正要開始給學生上歷史課，聽到幾個同學在談論隆德車站前乞討的吉普賽人，一個學生說：「那些吉普賽人有手有腳怎麼不去工作？快滾回去！」我先生心血來潮，用一節課跟學生談吉普賽人的歷史。

吉普賽人來自印度北部，他們的名字 Rom、Lom，或是 Dom 可能是來自印度種姓制度下的賤民階層，他們一邊旅行一邊從事短期農活、廢棄物處理、街頭表演或算命，其中也不乏乞討或偷竊。中世紀時他們散布於中亞、中東一帶，後來許多分支漸漸遷徙到歐洲。那時的歐洲人以為他們是從埃及（Egypt）來的，所以就一廂情願的叫他們「吉普賽」（Gypsy），現在已正名為羅曼人（Romani）。

在社會底層遊蕩的人

千餘年來，從印度、中亞、中東到歐洲，羅曼人無論到哪裡都位於社會的最邊緣，活在極度貧窮中，也傳承了一套獨特的生存法則。他們不信任體制，也不重視教育，只願意仰賴族群內部緊密的向心力，孩子從小跟著父兄長輩學習在社會底層討生活。他們推崇人與人之間的義氣相助，我在受傷後拄著拐杖走路，還有懷孕挺著大肚子的時候，在街上熱心幫助我的，每次都是羅曼人。但他們對「教育」和「契約」這些現代社會的重要基礎意識很薄弱。當農業社會漸漸工業化、現代化，短期農事以及表演、算命等需求大幅減少，羅曼人從事乞討或犯罪的比率也就更高。

我想大家都對法國小說《鐘樓怪人》裡面那位美麗的吉普賽女主角有印象。

羅曼人在歐洲各國活動的歷史已經很長，目前在羅馬尼亞、保加利亞等東歐國家境內的羅曼人數量最多。在這些羅曼族群較密集的國家，他們大多被隔離於當地政府無意願也無餘力管轄的極貧區域。這些區域鮮少有學校或社會建設，儼然是無政府狀態。他們是當地政府的燙手山芋，但也是最好用的箭靶，每當政策失當，只要把民怨引導到羅曼人頭上，萬無一失。

對羅曼人的排斥和猜忌從幾世紀前就彌漫在歐洲社會。在許多國家，羅曼人必須在履歷表上隱姓埋名才找得到工作。羅曼族群合作緊密，乞討的地盤和輪班安排都井然有序，這也讓不少人懷疑他們有組織在背後謀取暴利。但是看看羅曼人長久以來物質匱乏的生活條件，很難相信真的有成功的謀利組織在運作。

怎麼終結羅曼人的邊緣命運？

在不同國家的羅曼族群分支，也有不同的命運。六〇年代的瑞典進行了一場空前的社會工程，以稅收縮減資源分布不均，大規模建造社會住宅，把全民納入

在街邊乞討的羅曼人。（圖片來源：Ingrid Marklund 攝影，sverigesradio.se）

福利網當中，那時的工業發展也提供了無數藍領工作機會。當時瑞典提供境內所有羅曼人工作和免費的公寓，同時刻意將他們分散到全國不同區域，他們緊密的族群因此漸漸鬆脫，現在已經完全融入瑞典社會，很難分辨出來。

近年來因為歐盟的申根協定，讓東歐國家的羅曼人可以不須申請簽證，前往西北歐乞討謀生，促成了新一波的羅曼族群遷徙。剛好這幾年中東、北非的戰亂導致難民潮遽增，不少人看到在車站超市乞討的羅曼人，誤以為他們是「難民」。但羅曼人不是難民，而是以旅遊的名義到西北歐各國謀生，和難民問題必須分開來看。

瑞典六〇、七〇年代那種超大規模、追求階級平等，甚至有點「粗魯」的社會工程，大概是空前也是絕後了。現在面對新一波的羅曼人，有些瑞典人感到厭惡，但大部分人還是願意去理解羅曼人的身世背景，也了解一方面他們並不是公民，沒有被納入社福網絡中，所以對瑞典來說不是一筆大支出，一方面雖然他們從事乞討和小奸小惡，但所有羅曼人加起來對瑞典造成的負面衝擊，可能還比不上一個中等規模的白領弊案來得嚴重。當我們的相機被偷、皮夾被扒，會感到最直接的憤怒，然而社會上制度層面的不公和權貴的遊走操作，卻可以讓百姓的生活條件被蠶食鯨吞而渾然不知。這兩者究竟哪一種比較可畏呢？

另外，也是因為這波新的羅曼人乞討潮，讓許多歐洲人猛然意識到他們的存在，也理解到要終結羅曼族群邊緣化的命運，必須運用跨國規模的資源。換個時空看看美國，從五〇年代種族隔離政策廢除以來，美國政府民間在提升非洲裔族群的權益和社經地位上，投注了不少心血，而直到現在成效還是不盡理想，更何況是一個長久在各國被隔離漠視的邊緣族群？有鑑於此，歐盟正著手進行各種專案，在羅馬尼亞、保加利亞等國的羅曼區域蓋學校、徵求老師，按部就班，以零文盲作為第一個目標。

除了有愛心，你還可以思考更多

說到這裡，一節歷史課差不多結束了，一個學生舉手問：「所以你覺得我們應該給羅曼人乞丐錢嗎？」

「我也不知道。說老實話，我從來沒有給過羅曼人乞丐一塊錢。」我先生說。「我很敬佩直接幫助羅曼乞丐的人，這個社會需要這樣的善意。同時也不能忘了，幫助『窮人』很重要，但終結『貧窮』更重要，而在這個層面，個人的力量是很有限的。我自己在經過思考之後，決定把票投給支持歐盟的政黨，把稅繳給歐盟。看歐盟這個龐大笨重的組織，每年砸錢試圖改善羅曼地區的教育，進展實在是很緩慢，但除了這樣，我不知道還有什麼更實際的做法。這是我的想法，希望你們也可以思考出一個自己滿意的解答。」

這群十六、十七歲的孩子，在經過這一節五十分鐘的歷史課之後，他們看待羅曼人乞丐的心境，是否會產生一些變化呢？

我有個瑞典朋友很有愛心，她每次去超市買菜，都會問在超市門口行乞的一位羅曼媽媽需要什麼，她一併幫她買，漸漸她們成了朋友。這位羅曼媽媽在保加利亞有兩個孩子，她很想他們，於是請我朋友幫她買 sim 卡。我朋友也有孩子，很能體會母親思念孩子的苦，所以樂意的幫她買了，也時常幫她加值。她在照片裡認識了在保加利亞的孩子，學會說他們的名字，羅曼媽媽常請我朋友買東西寄給他們。

但是久而久之，她發現每一次去超市都花越來越多的錢，和越來越多的時間，終於有一天超出了她的負荷，她開始繞遠路去另一家超市買菜。過了好幾個禮拜，她又回到那間超市買東西，在超市門口，羅曼媽媽讀懂了我朋友臉上的尷尬，很識趣地保持了距離。

瑞典人的尷尬，羅曼人的識趣。在面臨比我們個人還要巨大太多的社會命題時，剩下的往往只有沉默和距離。

前陣子台灣有位小學老師在臉書上描述，某天營養午餐時間，她請學生少吃一顆貢丸，好讓班上的清寒同學可以打包更多食材，帶回家和家人分享。未料這個看似單純的動人小故事，卻引起很大的爭議。許多人質疑，學生花錢訂購營養午餐，難道此後每天都要留下食材給清寒同學嗎？如果這只是大家一時心血來潮的即興之舉，真的有意義嗎？同學之間施與受的尷尬關係，孩子們又要如何去解讀？

鼓勵孩子幫助身邊困頓的人，是一個很好的機會教育，但是如果因為幫到一棵樹感到溫馨滿足，而看不見整座樹林，是很危險的。記得小時候的作文範本常寫著「看到貧困的人，我才知道我有多幸福，我一定要珍惜我的幸福！」寫到這，大腦也停止運轉。從來沒有人教我去問，台灣社會堪稱富裕，為什麼會有這麼多人無法溫飽？

二〇一五年臺灣的慈善指數（World Giving Index）在全球排行第三十五，名列在許多先進國家之間，要是能把臺灣人滿腔的愛心和正義感轉化成穩定持續的社會資源，將會是一股多大的能量！然而如果把各國的慈善指數和測定社會平等程度的基尼指數放在一起對照，會發現人民的「樂善好施」和該國的「社會平等」程度幾乎沒有關聯。結構性的貧富差距和社會問題，並不能用捐款善行解決。真正能夠把光明帶到所有陰暗處的，只有靠完善穩定的社會政策。

改善種族與階層的分化，只有靠知識

記得有一次在瑞典大學的日文課旁聽，近六十歲的日文老師講到她小時候家裡比較窮，一枝鉛筆都寫到好短好短才捨得丟，每次在學校拿出短短的鉛筆，就覺得好丟臉。這時班上的瑞典學生一陣嘩然，大家都很驚訝日本的學校竟然沒有提供筆。瑞典人從小就用學校免費提供的文具，除此之外，筆記本，水彩畫具，只要是上課學習需要的東西，都由校方悉心準備。

對瑞典教育者來說真正迫切的議題，是在中上階層家庭為孩子買書、買電腦、四處旅遊增廣見聞的同時，盡力守住經濟弱勢孩子的前半場人生。瑞典提供平等的學習資源毫不手軟，在失業父母的補助金中，包含了帶孩子出門的旅遊費，還有讓孩子能接受資訊的網路費。不管父母有沒有工作，收入高低，不管穿的球鞋是名牌還是雜牌，沒有一個孩子應該被剝奪「學習」的權利。這一點在低稅收的台灣也許比較難達成。但瑞典在低學年採取不排名不競爭、也鮮少有回家作業的教育方針，來抗衡家庭差異，這也許是台灣可以借鏡的第一步。台灣從低學年就開始強調智育競爭，不但勞民傷財，也讓各階層孩子早早就定位，有百害而無一利。

今年五一勞動節，瑞典社民黨的青年幹部在隆德廣場演講，他在最後總結，目前瑞典面臨著階層和種族的分化和仇恨，他相信只有三個方法可以改善，那就是「知識，知識，和知識」。

在困境中的人，需要知識改變命運。在困境外的人，需要知識去全盤理解苦難的源頭和改善的可能性。不同階層和文化之間，需要知識去化解恐懼和猜忌。這一堂歷史課，是瑞典教育工作者引導學生「見樹、見林、見生態」的典型例子。當學生說：「那些吉普賽人有手有腳怎麼不去工作？快滾回去！」的時候，老師不馬上糾正學生的觀念，而是灌溉知識給學生，讓學生自然產生較為寬廣的思考，並且有能力進一步提問或辯論。

延伸思考例題

分組討論：

在第三章我們提到了社會主義女性主義對「家庭薪資」的批評。事實上，性別、種族、階級都不是獨立的命題，往往在社會中交叉呈現（intersection）。

請閱讀〈嫁來台灣幸福嗎？她說：時間可以重來的話，我絕對不來台灣！〉（廖雲章，獨立評論@天下）。並和組員討論，來自印尼的愛芳結婚前在工廠獲得薪資，結婚後卻成了免費勞工，成了典型的「無薪嬌妻」。除了性別面向之外，愛芳身為新住民的身分，和性別產生了什麼交叉影響呢？如果她是台灣女性，或是印尼男性，會有什麼不同的命運呢？

本例題感謝《天下雜誌》「獨立評論@天下」總監　廖雲章提供

10 我們從納粹歷史學到什麼——反歧視和民主教育的絕佳教材

許多結構性的歧視和不平等，常是源自於人們對某個議題的不敏感，而這種不敏感多半是源於資訊和知識的匱乏。如果說積極矯正措施是一種治療，那麼敏感教育就是預防，預防勝於治療，因此敏感教育無論是在瑞典的學校或職場上，都備受重視。

前幾年新竹市光復高中學生模仿納粹的事件引起了臺灣社會的關注，這讓我想起多年前和各國朋友在曼谷逛夜市，那時泰國年輕人似乎正流行納粹符號，滿街都在賣納粹和希特勒的T恤，讓歐洲朋友看了哭笑不得。但是同樣的，我曾經去一個主修日文的瑞典同學家參加派對，一進他的房門，迎面就是一大面皇軍旭日旗，其他瑞典同學看了稱讚好酷，亞洲同學則說不出的尷尬。

還有一次，瑞典一所名聲不錯的高中舉辦學生音樂發表會，幾個白人學生為了模仿他們最喜歡的美國爵士樂隊，把臉抹黑登臺表演，當晚照片還被貼上該校的 instagram。到了第二天，校方似乎才察覺不妙，把照片拿下，但已經被學校幾位非裔學生拿去媒體投書，在當地造成不小的風波。然而瑞典孩子又怎麼知道，扮黑臉曾經是英美喜劇演員用來百般戲謔黑人的段子？瑞典在歷史上雖然也曾涉入販運黑奴的環節，但歐洲產業從未像美國曾經對黑奴有大量需求，因此和美國比起來，歐洲對黑奴歷史的敏感度是遠遠不及的。然而相對的，我在瑞典招計程車時，如果像在臺灣一樣把手平平舉起，一定會被瑞典朋友阻止，因為這個手勢太像納粹禮了。其實每一個察覺，不過是為我們製造了補足敏感教育的機會，無需氣急敗壞的指責，也無需羞愧自責。

從反歧視策略看提升敏感教育

當然，不理解不代表可以大踩別人的地雷，其實這些事件的根源，都是來自對歷史缺乏了解和同理，解決的方法是投入更多教育資源。事實上，在瑞典的反歧視策略中有個很關鍵的常用詞，那就是「敏感教育」（sensitise）。

瑞典的反歧視策略大略被分為兩大世代，第一個世代的反歧視政策，是確保人人在法制前一律平等，大家都應該享有一樣的權益，這是出於自由主義的立場。第二個世代的反歧視政策，則是更積極地去改變結構上不平等的根源，這是偏向社會主義的想法。

舉個例子，在瑞典父母共用十八個月的八成薪育嬰假，休滿育嬰假之後，瑞典父母也可以自願降低工作時數和收入，在家多陪陪孩子，公司不得拒絕他們想減少工作強度的要求。這套制度雖然立意是性別中立的，然而媽媽選擇待在家的比例還是比爸爸高出許多，這對女性的職涯發展和退休金都有實質的負面影響。就瑞典的自由派立場來看，父母在制度前已經享有完全的平等，女性選擇在家待更長時間，那是出於個人自由，當然也應該自己承擔後果。

但是一個母親的選擇，真的完全是基於「自由意志」嗎？會不會是因為一對夫妻當中，女性收入通常比男性低，因此出於經濟考量由女性休育兒假？會不會是因為人們對母親和父親的角色還是有傳統的想像？更別說，要承擔後果的人，絕不是只有作出選擇的父母本身，也包括了每一個要在這樣的社會文化中成長的女孩，和男孩們。

瑞典偏左陣營從二〇一六年開始強制爸爸必須休三個月以上的育嬰假。這種只強制一方的「不對等」政策，就是很典型的第二世代反歧視策略的「積極矯正措施」（positive action），意圖矯正不平等的根源。這種管到別人家裡誰顧孩子的政策，已經犯了自由主義的大忌，而且這麼做也有「逆向歧視」的嫌疑。這兩者之間要如何斟酌辯證，是在處理歧視和不平等時，一個永遠不會休止的命題。

除了積極矯正措施之外，第二代反歧視策略的另一個重要環節就是「敏感教育」。許多結構性的歧視和不平等，常是源自於人們對某個議題的不敏感，而這種不敏感多半是源於資訊和知識的匱乏。如果說積極矯正措施是一種治療，那麼敏感教育就是預防，預防勝於治療，因此敏感教育無論是在瑞典的學校或職場上，都備受重視。

英文的「insensitive」直譯為不敏感，但其實帶有遲鈍、搞不清楚狀況的意思，我覺得臺灣有個挺合適的說法，就是「白目」。明眼人會「白目」，是因為心看不清，只要補充一點情報和知識，就能一眼看出不平等和歧視的元素。

一位瑞典語老師每年都請學生在國際婦女節這天張開眼睛和耳朵，聚精會神地去尋找在日常生活中聽到、讀到的文字，反映出哪些性別框架和權力關係，並把這些字詞記錄下來，帶到班上討論。為什麼我們常不假思索地說「你的扣子掉了，怎麼不叫妳媽縫一下？」當我們說「他很風流」，和「她很風流」，詞彙的涵義和褒貶是一樣的嗎？這些字字句句都逃不過同學們的檢視，搞得當天大家說話時都小心翼翼，非常搞笑。

種族議題和性別問題比起來，常帶有很強的地域性和歷史淵源，因此難免會出現敏感教育無法覆蓋到的窘境。歐洲的屠殺、美洲的黑奴、東亞的侵略，這些發生在不同時空的恐怖深植於當地人心中，卻不一定能被地球另一端的人理解。然而無論是臺灣高中生裝扮成納粹，或是瑞典高中生扮黑臉，其實只要稍作提醒，就能讓學生意識到自己地「不敏感」之處。

我們從歷史學到什麼？

納粹德國屠殺猶太人的悲劇是歐洲近代史上的重大事件，瑞典孩子從國中階段就開始學習，在國中剛畢業的瑞典孩子心目中，往往看到納粹，就想到猶太人和集中營，看到猶太人就想到納粹。到了高中階段，歷史老師必須用更廣的視角引導學生去思考納粹的意義。這其中又包括了兩個重點，其一是對種族偏見的省思，其二是探究民主的缺陷和弱點。

從偏見、不包容到制度上的歧視，最後走向屠殺的轉折

許多學生以為反猶太是納粹德國的專利，但其實反猶太和猶太陰謀論在歐洲已經有長遠的歷史。這個偏見最早源自宗教，而猶太人沒有特定國籍，在各國經濟政治場域活躍的事實，引起了越來越多的猜疑。當時在歐美各國都對猶太人存在不同程度的偏見。

Beundrande blickar mot Ledaren – Adolf Hitler några år före nazisternas maktövertagande. Historia var viktig i Nazityskland. I skolorna skulle barnen fostras i hjältedyrkan och lära sig om den tyska nationens ära och den ariska rasens överlägsenhet genom tiderna.

kandet i vanrykte. Koloniernas frigörelse stärkte idén om alla folks lika rättigheter. Men det som framförallt satte sin prägel på epoken var det kalla kriget mellan västmakterna och det kommunistiska östblocket. Länge vis-

希特勒極具政治魅力。出自瑞典高中歷史課本。

納粹德國初期對猶太人採取的是制度上的歧視，當時除了少數狂熱納粹黨員之外，一般德國民眾對強硬的反猶太沒有表現出太大的興趣。戰爭爆發後，希特勒很明確地把民眾的苦難怪罪到猶太人頭上，在戰爭的暴戾氛圍和資訊封閉下，猶太人終於一步步成為德國的敵人，也成為必須殲滅的對象。

民主倒退的教科書範例

民主目前是唯一能夠確實監督制衡各種權力的制度，同時也是一個脆弱又充滿弱點的制度。納粹德國的歷史，可以說是民主失能的教科書範例。

「希特勒是被民主制度選出來的」，我想這句話很多人都聽過。上個世紀初，歐洲有許多國家都步入了某種程度的民主代議制，但是很快的，許多國家又陸續回頭擁抱專制。在民主萌芽的時代，民眾長久以來第一次獲得政治影響力，有許多人對此感到振奮，也有許多人感到非常不安。希特勒在一次演講中說：「一個很會烤麵包的人，當然應該成為麵包師傅：一個懂得藥理的人，當然應該當藥劑師開藥房；現在我們卻要麵包師傅和藥劑師都去管理他們不擅長的政治事務，這樣太瘋狂了！」這句話現在看來充滿邏輯謬誤，卻也凸顯出當時各階層對民主這個新玩意的保留和疑慮。

在納粹黨還只是一個不起眼的小黨時，希特勒的個人政治魅力和反共訴求，風靡了德國富紳、律師、軍警等等最有權有勢的保守階層，他在這些人的包庇下享有裙帶特權和強大的經濟資源。當一九二九年經濟大蕭條重擊德國，他是唯一能乘坐昂貴的飛機到德國各地演說的政治人物。而在強力的政治宣傳下，對經濟感到極度不安的人民，信服了納粹黨承諾的強人和解藥，願意跟隨希特勒走回極權。

一個民主政府雖然也不見得有完美的解方，但是極權統治的致命之處，在於對資訊嚴密的封鎖和操控，並剝奪民眾質疑政權的權利，所以當人民發現執政者走上極端，或做出違背國民利益的決策，已經為時已晚。

在下一個章節，我將進一步討論瑞典歷史科和社會科老師如何帶領學生去認識民主的各種弱點，以及「政治宣傳」操控人心的手法。

延伸思考例題

請你今天張開眼睛和耳朵，聚精會神地去尋找在日常生活和同學、家人的對話中，在街上、電視上聽到、讀到的文字中，有哪些反映出性別成見？請把這些字詞記錄下來。

11 從「你怎麼想」到「為什麼你會這麼想？」——政治宣傳和假新聞

今天我們在學校和媒體報導中幾乎看不到如此明目張膽的政治宣傳，但是如果我們細細分析周遭的各種資訊，就會發現我們今天接受到的各種資訊，仍然充斥著政治宣傳的要素，其中更不乏純屬虛構的假新聞。

瑞典學校從幼兒園開始就不斷鼓勵孩子說出自己的想法，強調每個人的意見都很重要，都值得傾聽。今年我先生的學校很榮幸邀請到獲得師鐸獎的優秀臺灣教育工作者進行交流。在觀課活動中，瑞典老師準備了很多問題讓瑞典學生和臺灣老師一起討論。這些題目包括：「你覺得民主對你的意義是什麼？」到「你覺得瑞典的教育制度有什麼特別的地方？」

我先生的學校是所平凡的高中，學生課業表現平平，正值青春期的孩子個個看上去吊兒郎當的，我原本有點擔心如此廣泛的題目會讓他們不知道怎麼回答，但是當天每個學生面對來自世界另一端的陌生老師，都穩當地抒發己見，侃侃而談，並且耐心聆聽對方的想法，讓我對瑞典從小扎根的「溝通素養」刮目相看。

然而到了高中階段，除了讓孩子盡情抒發「我怎麼想」之外，老師又多了一個任務，那就是引導孩子去思考「為什麼我會這麼想」。

民主的弱點

雖然瑞典社會視民主價值為理所當然，但是瑞典學校盡量避免單方面的告訴孩子「民主是最好的」，而是試圖呈現各種制度的得失，讓孩子自己思考。在瑞典高一社會、歷史科的課堂上，都對民主的各種弱點有許多討論。

高一社會科的「權力和政治」章節中，介紹了不同政體權力的來源和運作模式。在關於民主的部分，則列出了民主的主要弱點：

台灣教師和瑞典學生討論熱烈。

一、決策費時費力，而且妥協是常態：民主政體的基礎在於每個人都有一定程度的影響力，雖然大前提是多數決定，但也不能完全犧牲少數人的自由和需求，因此做重大決策前必須對議題有長足全面的理解。這不但導致民主程序費時費力，也常常要做出妥協。在投票的時候，人人都覺得影響力就在手中，但是決策程序卻是如此緩慢而遙遠，而且結果很難讓所有人滿意。

二、受左右的民意：在民主社會，所有人和組織都有藉著宣傳倡議影響民意的自由，但是有兩種宣傳特別能影響民意：1.投注巨大資源的宣傳，2.以博得支持為唯一目標，內容不夠嚴謹的宣傳。第一種宣傳，讓資源較少的團體失去話語權，第二種則讓民眾基於錯誤的信息做出抉擇。

而其中第二點，在現代的媒體亂象中最讓人感到力不從心。針對這一點，社會和歷史老師常以瑞典史上舉辦過的全民公投為教材，和學生討論宣傳戰的眉眉角角，和民主的得與失。

瑞典憲法規定瑞典的公投結果僅具有「參考功能」。瑞典歷史上曾經舉辦過六次全民公投，其中只有四次公投真正影響實際政策。既然公投沒有法律效力，

日期	議題	投票率	選擇 1	選擇 2	選擇 3	結果	政府是否採取公投結果
1922	禁酒	55.1%	支持 49.1%	反對 50.9%		否決	是（註 1）
1955	改變駕駛方向	53.0%	支持 15.5%	反對 82.9%		否決	否
1957	退休金	72.4%	45.8%	15.0%	35.3%	選擇 1：以國家稅收全面資助國民退休金	是（註 2）
1980	核能發電	75.7%	18.9%	39.1%	38.7%	選擇 2：不再建造新的核電廠。在不和經濟發展衝突的前提下陸續關閉核電廠。核電廠必須國營。	否（註 3）
1994	加入歐盟	83.3%	支持 52.3%	反對 46.8%		通過	是
2003	採用歐元	82.6%	支持 42.0%	反對 55.9%		否決	是

註 1：但瑞典政府禁止私營販賣酒精。

註 2：公投結果受爭議，因為選擇 2 和 3 加起來票數超過選擇 1。同時很多人表示選項描述太複雜，難以正確理解。

註 3：雖然瑞典沒有再建造新的核電廠，但也沒有關閉核電廠。另外目前瑞典核電廠是公私並營，不是純國營。

那為什麼要花那麼多資源舉辦公投呢？

公投是一場公民社會（civil society）的嘉年華

一個民主國家除了透過選舉決定執政的大方向之外，也很需要民眾依自己的興趣和需要去參與公民社會的不同組織，透過宣傳、遊說和志願工作來達到他們的訴求。在瑞典，幾乎所有人都參與過公民組織，這些組織的性質和規模五花八門，從社區自治會到環保倡議團體。在我身邊有許多瑞典親友同時參加好幾個公民組織，或是進而擔任組織的幹部。

參加過公民組織的人都知道，不是人人都對自己的訴求感興趣，倡議和宣傳是一場嚴苛的長期戰。當一個重大議題被提升到公投的位置，可以在短期引起巨大關注。在公投期間各組織擴大動員規模，在互相攻防之下集中檢視各方論點，雖然看起來在短期內耗費了大量資源，但是和疲軟的長期戰比起來，效率是更加顯著的。而公民社會全力展示的論點和民眾的反應，也為政府帶來很大的參考價

1922 年禁酒公投海報。正方（右）訴諸當時酒精引起的社會和健康問題。反方（左）訴諸人民的消費自由。圖中女性和政客說：沒有自由還談什麼健康？（圖片來源：arkivnamnden.org）

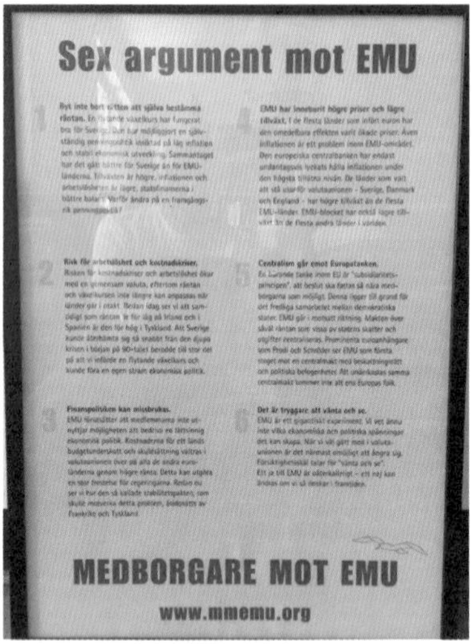

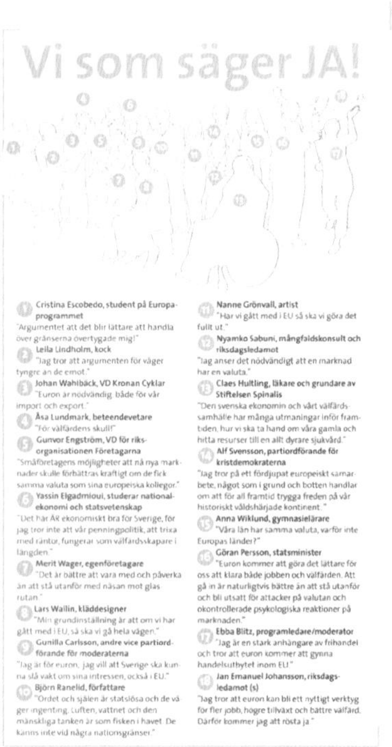

2003 年是否加入歐元的公投海報。正方（右）：對歐元說 yes 的 18 種聲音，反方（左）：對歐元說 no 的 6 個理由。現代宣傳更注重網路上的辯論，並且有更多文字鋪陳。（圖片來源：europaportalen.se）

值。換句話說，瑞典把公投視為一場輿論的嘉年華，重點並不是結果，而是過程。當然，社會老師也會和學生討論各國的公投模式，從中檢討瑞典公投的優缺點。

在公投這場輿論的嘉年華會上，各方意見爭奇鬥艷，讓人看了眼花撩亂。瑞典歷史老師向學生呈現瑞典百年來舉辦公投時各方打宣傳戰的例子。並且從中和學生討論宣傳戰（propaganda）操縱人心的各種技巧。

什麼是 Propaganda？

記得我第一次聽到 Propaganda 這個詞是在大學時期，查字典得到的中文翻譯是「政治宣傳」。簡單來說，Propaganda 是政府或企業利用圖像或字句，有意識、有系統地操縱民眾認知，引導民眾行為，以實現宣傳者預期的政治或商業效果。

拿一個貼近生活的例子來說。現在談到西式早餐，很多人都會想到培根、煎蛋，加上一杯柳橙汁，但其實一百年前沒有人吃這樣的早餐。一九二〇年代，生產柳橙汁、培根的企業相繼聘請廣告公司為他們進行市場宣傳，在巧妙重複的宣傳下，人們在無意識中，對早餐的想像從此產生了巨大的變化。

從小就學習要尊重每個意見，同時也期待自己的意見受到尊重的瑞典孩子，在拿到投票權之前必須進一步思考，他們的意見，真的是「自由、理性思考」下的結論嗎？要如何判斷受到操控，或是無憑無據的意見？

Propaganda 一字源於新教在歐洲興起的時代，天主教教會為了和新教對抗而建立了專司 Propaganda 的宣傳機關。啟蒙運動以後宗教權力式微，國家政府接手了宣傳教育功能，隨著印刷術、國民教育普及，識字率提高，政治宣傳的效果鋪天蓋地、深植人心，也成為各國宣傳和教育機關都不得不潛心鑽研的「戰術」。

德國納粹黨可以說是將 Propaganda 技巧修練到爐火純青的代表，納粹黨旗下的政治宣傳部門發布的每一個信息，每一張照片，都是經過千挑萬選、加以潤飾，精心呈現出來的。一九三〇年代，納粹黨得以在德國的民主化途中挾持政權，政治宣傳功不可沒。

希特勒在他的自傳裡面對政治宣傳的重要性和技巧有許多著墨。他在書中分析，第一次世界大戰期間，英國運用現代宣傳戰動員全民的技巧和手段都比德國

納粹和蘇俄雖然意識形態完全不同，但極權主義的 Propaganda 常有異曲同工之妙。

高明很多，這和英國民主化較早有很大的關係，在民意越來越重要的時代，掌握民意就掌握權力，因此政治宣傳就是致勝關鍵。他也說：「一般大眾的理解力有限，而且非常健忘，所以政治宣傳的內容只要簡單，並且不斷重複，就能讓每個人都信服。」

當然使用政治宣傳的絕不只限於專制國家，對當時世界各地的政治人物來說，用宣傳控制民心是穩定政權最好的手段，在你死我活的戰亂或權鬥過程中，更是不得不採取的策略。

在冷戰期間，國共雙方各自師承美俄 Propaganda 的奧義，對內對外的政治宣傳都不遺餘力。一直到九〇年代動員戡亂結束，成千上億的「心戰」（Psychological Operation）文宣經由空飄、海漂的管道來往台海，各式文宣現在看起來讓人覺得有點荒唐，也有點惆悵。

一九三七年，眼看著幾乎全球民眾都暴露於納粹黨、共產黨、反共保守陣營，和南美獨裁者的強力宣傳影響之下，美國多位政治、傳播、心理學家組成「宣傳分析協會」，並出版了《宣傳的藝術》一書，提出了幾個辨識政治宣傳的要點：

蔣中正和毛澤東的「個人崇拜」（Cult of personality）。個人崇拜指透過大規模宣傳將個人的人格理想化、英雄化，塑造為崇拜對象。（圖片提供：Herb Friedman, psywarrior.com）

- 運用宏大、美好但內容空洞的詞彙、形象
- 利用偏見和恐懼心理，創造我們－他們的敵對意識
- 模糊或隱藏發信者，讓民眾相信發信者就是他們的一份子
- 使用經過特意挑選、不具代表性的代言人
- 強調資訊或產品受歡迎的程度，誘發從眾心理
- 呈現過度簡化或片面的事實

但是他們的努力明顯失敗了，在政治宣傳的推波助瀾下，二次世界大戰在歐洲引爆，偏激思想在全球造成無數的悲劇。經過二十世紀中葉的動盪，許多歐洲教育工作者痛定思痛，決心將反政治宣傳教育落實到國民教育階段。

政治宣傳就在你身邊

看到以上各種政治宣傳的例子，不難發現他們都有採用大幅圖畫、簡短標語的共同點，懷舊的圖畫配上空洞的訊息，現在看起來十分荒唐可笑。只要稍微掌

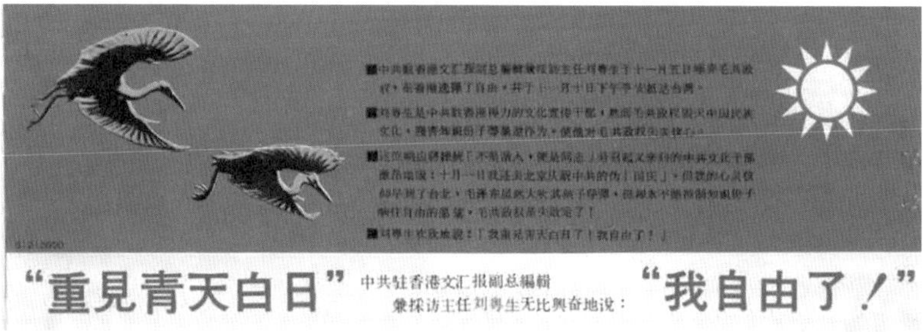

反共宣傳品。（圖片提供：Herb Friedman, psywarrior.com）

反國軍宣傳品。（圖片提供：Herb Friedman, psywarrior.com）

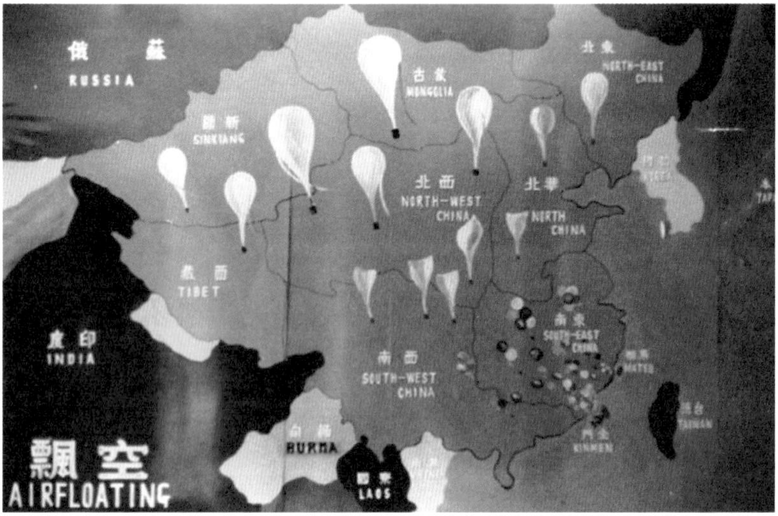

「心戰」文宣的空飄地圖。（圖片提供：Herb Friedman, psywarrior.com）

握政治宣傳的各種技巧，瑞典學生都能很輕易的指出各種政治宣傳的理盲之處。

今天我們在學校和媒體報導中幾乎看不到如此明目張膽的政治宣傳，但是如果我們細細分析周遭的各種資訊，就會發現我們今天接受到的各種資訊，仍然充斥著政治宣傳的要素，其中更不乏純屬虛構的假新聞。在網路辯論盛行的世代，還多了一味攻擊對方，卻提不出具體方案的口水戰；或是被攻擊的一方用「Whataboutism 你也差不多」強調對方其他短處，種種逞一時之快卻總是忘了找解方的無效對話。

當我們成為新聞媒體的商品

現代民主社會的媒體雖然享有前有未見的自由，但在市場經濟支配下，加上新科技發展，媒體的生存獲利模式更加複雜了。在最理想的情況下，新聞媒體的商品是新聞內容，消費者是讀者。然而當願意消費新聞內容的讀者越來越少，媒體更加仰賴廣告和出資者，於是媒體的商品不再是內容，而是讀者流量，購買流量的廣告商或是金主成為了媒體需要負責的消費者，而內容則成為捕捉流量的手段。金主過於強大的話語權，加上流量至上的模式，都讓媒體難以發揮身為民主體制中「第四權」的重要功能。面對這樣的難題，瑞典政府一方面運用國家補助，減少媒體仰賴廣告和金主的程度，一方面致力於國民教育的媒體識讀訓練。當我們無法完全撲滅病菌時，增加每個人對病菌的抵抗力就成了首要任務。

綜觀瑞典近百年來公投時期的宣傳海報，瑞典學生大概能掌握到，內容過於簡單、情緒化的宣傳，都必須要小心。但是現在的政治宣傳手法也比以前精進許多，各種似是而非的片面事實，都在在考驗著國民對語文和數據掌握能力，這也是瑞典學校在語文、數學課上教學的一大重點。

空飄氣球。（圖片提供：Herb Friedman, psywarrior.com）

延伸思考例題

1.有句話說「謠言總是走得比真相快」，你覺得造成這個現象的理由是什麼？

2.想想你在生活中看到過的假新聞／假訊息，你覺得這些訊息在哪種媒介裡傳播的速度最快？為什麼？

3.在你的生活周遭，是什麼樣的人特別容易相信和傳播假新聞／假信息？你覺得要如何避免成為這樣的人？

4.假新聞／假訊息有可能對一個社會或家庭帶來怎麼樣的「災情」？

5.在民主社會中，媒體必須享有新聞自由。你覺得政府可以在不犧牲新聞自由的情況下控管假新聞嗎？要怎麼做？

以上例題感謝《報導者》總編輯　李雪莉提供

第三篇

數學科

Part 3

Mathematics

12

提高對數據的敏感度，增強對政治宣傳的抵抗力

人的「感覺」是很不準確的。法國啟蒙思想家盧梭在他專門描寫教育哲學的《愛彌兒》一書中說：「人之所以會迷路，不是因為無知，而是因為自以為知。」有太多時候我們做出錯誤的判斷，都是因為懶得思考求證，因為「憑感覺」輕鬆多了。

在歷史篇的最後一章，我提到了瑞典教育工作者面對現代政治宣傳和假新聞，致力增強學生對政治宣傳的抵抗力。要達到這點除了積極培養學生媒體識讀和信息來源檢視的技能之外，另一個重點就是提高學生數據力。

瑞典人對蒐集和整理數據的熱情執著，很難用三言兩語形容。瑞典數據局

（Statistic Central Bureau，簡稱ＳＣＢ）有一千多名職員，在二十二個部門下工作。從各市政府的財政狀況、房價和房貸利息的推移、各種職業的平均薪資，到子女和離異後雙親的居住距離等等，包山包海，記錄詳實，查詢便利，在出版品和線上數據庫裡也力圖用最明晰、親切的方式將數據可視化。

談到瑞典的數據魂，更不得不說到瑞典統計學家、國際衛生學家和醫師羅斯林（Hans Rosling），他畢生致力於把數據用最清晰易懂的方式呈現，創立了以視覺傳達數據的 Gapminder 基金會。他的書《真確：扭轉十大直覺偏誤，發現事情比你想的美好》，受歐巴馬和比爾・蓋茲大力推薦，蓋茲甚至贈送這本書的電子版給二〇一八年全美所有大學和研究所的畢業生。

在瑞典中學的課堂上，ＳＣＢ的數據庫和羅斯林的數據可視化系統都很常見。在進入一個課題之前，瑞典老師喜歡先問班上同學幾個數據問題，請他們先憑感覺猜猜看，再揭曉真實的數據。比方說「在目前世界上的一百九十多個國家中，有多少個人民基本自由實際受到保障的民主國家？」

根據 freedomhouse.org 的統計，在二〇一一年這樣的國家一共是「八十七

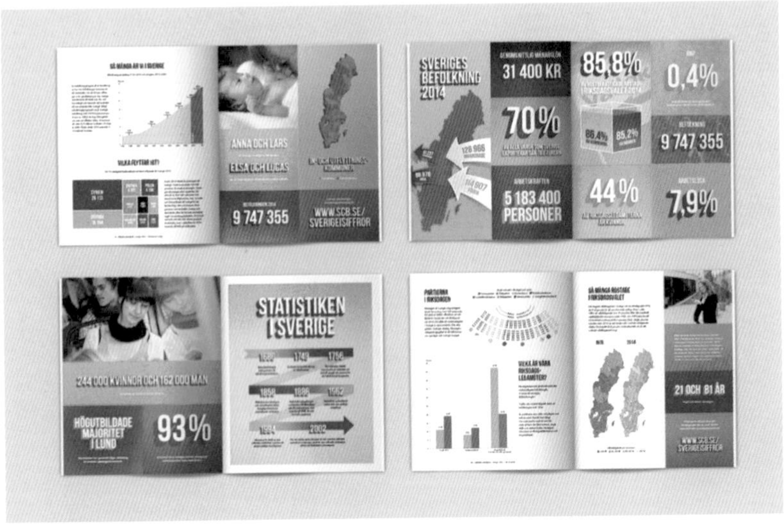

瑞典數據局的出版品。（圖片來源：scb.se）

個」。你猜對了嗎？也就是說，這個世界上多數人是生活在沒有自由，或是只享有部分自由的社會，這個數字和瑞典學生的設想常常有很大出入。

類似的練習讓學生意識到，人的「感覺」是很不準確的。法國啟蒙思想家盧梭在他專門描寫教育哲學的《愛彌兒》一書中說：「人之所以會迷路，不是因為無知，而是因為自以為知。」有太多時候我們做出錯誤的判斷，都是因為懶得思考求證，因為「憑感覺」輕鬆多了。

如果總是跟隨感覺，我們很容易被內在情緒左右，或被外在環境影響，造成思考的空轉。比方說「現在社會越來越亂，越來越可怕了。」就是一個典型的直覺，這種直覺和新聞媒體仰賴傳播恐懼以增加閱視率的現象有很大關係。但是如果宏觀整理人類在歷史各階段死於暴力的人數統計，就會發現人類歷史中除了幾個特殊時期，如兩次世界大戰之外，暴力的強度和頻率都不斷在下降，而今天，可說是人類在歷史上活得最和平安全的時期了。

數據釋讀是大考的重點

瑞典高中數學科就和國文科一樣，也有全國統一的期末考。數學期末考往往動輒四小時以上，這是因為除了演算題以外，數學考題還包含了許多敘述式的問答題。下圖就是二〇一四年全國數學期末考的題目，以羅斯林的彩球座標呈現幾個國家人口量、平均人民收入和排碳量的關係。這是一個很典型的數據題，有多個題目循序漸進，前幾題通常是很簡單的查找數據，然後可能有幾個計算題，最後則是幾個詮釋數據的問答題。

在瑞典升大學主要是看在校成績，但是如果覺得自己在校成績不理想，或是高中畢業多年後才決定申請大學的人，這個入學考試就是他們的另一個機會。瑞典大學入學考試的內容只有語言和數學兩類，數學類有一個叫做「數據、圖表與地圖」（Data, Table, and Map）的科目，比重占了數學類的三分之一。這部分的考題內容包羅萬象，多為貼近生活的常識性問題，但都有一定的複雜度，主旨是測試學生是否有耐心把資料圖表解讀透徹，並且能避開常見的數據陷阱。根據瑞

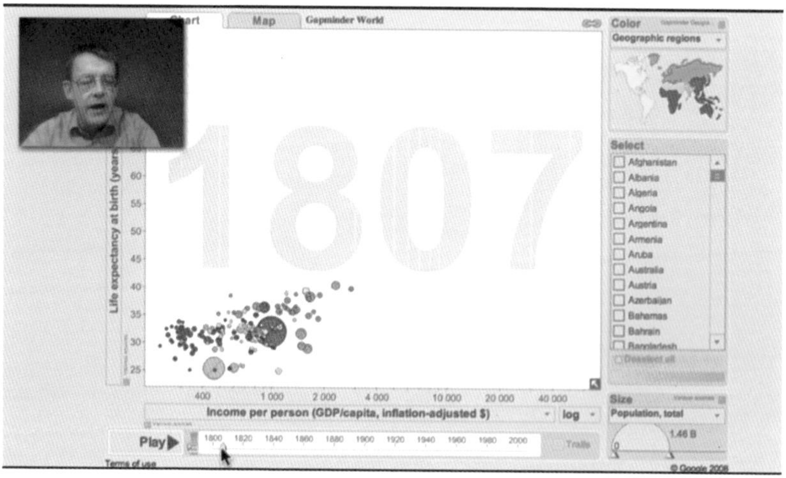

羅斯林發起的數據視覺呈現資料庫 gapminder，免費提供學校教師各種教學影視工具 。
（圖片來源：www.gapminder.org）

典大考中心，準備這個科目沒有別的訣竅，只能靠大量閱讀非文學類作品和新聞，確實累積閱讀數據、圖表和地圖的經驗。

著重民生經濟的討論

不管學生未來會不會上大學，要從事什麼工作，許多數學概念都會在個人經濟生活中不斷出現，房貸複利、累進稅率、儲蓄、保險等等，這其中涉及的計算都不簡單。瑞典高中社會科和數學科在這部分提供了學生最基本的觀念和許多練習的機會。

除了個人經濟以外，社會科也介紹「景氣循環」這個總體經濟概念。這一點臺灣公民課綱也有提到：景氣循環（business cycle）就是經濟體系的表現呈現波動起伏，景氣擴張與收縮交替出現的週期性循環過程。由景氣的谷底經復甦、繁榮而至高峰而後衰退、蕭條又至谷底，如此周而復始。各國的景氣循環會受到國內經濟發展階段，以及與其他經濟體互動的影響，所以每個國家的位置都不太一樣，但有一點可以確定，那就是沒有一個波動是永久的，而政府和銀行必須在景氣過冷和過熱之間運用利率、稅制、人力市場等政策盡量穩定民生。

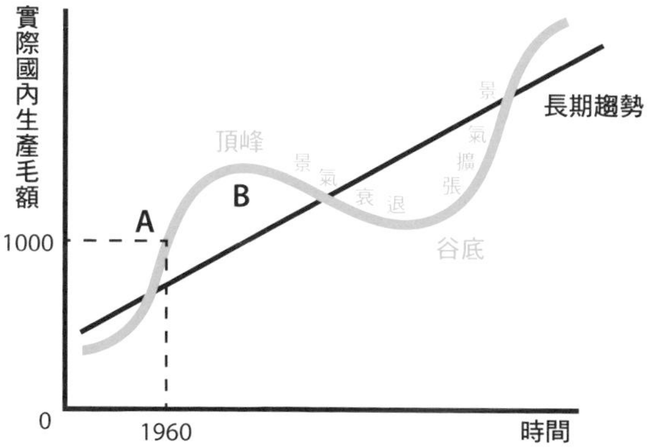

景氣循環圖。

〔資料來源：胡春田等（2006），經濟學概論。臺北：雙葉書廊。第 315-316 頁〕http://www.nani.com.tw/nani/steacher

每次瑞典舉行大選時就會發現，最能引起瑞典大眾興趣的問題絕不是「拚經濟」。如果回頭看瑞典歷史，會發現瑞典經濟在經過工業化的高速成長期以後，基本上隨著全球脈動，景氣有好有壞，很難斷言說是哪個政黨的功過，經濟循環周期從幾年到十幾年都有，單從一個政府的任期內也很難看出所以然來。所以瑞典人民更在乎的是「資源分配」的問題。畢竟沒有一個政黨會故意讓經濟倒退，但是對貧富差距卻往往睜一隻眼閉一隻眼。不管景氣如何，真正讓全民有感，反映生活福利和品質的民生經濟政策，主要還是分配問題，否則國家就算發了大財，也往往停留在少數人的手中。

這就是為什麼，瑞典的選戰常常圍繞著資源分配，也就是「稅制」這兩個字打轉。稅制除了體現一個國家對資源分配的信念，還可以隨著政府理念不同，用不同的徵稅方式將社會上各種角色的行為導向特定的模式。太多人炒房，就課更高的房屋稅，太少人買電動車，就給電動車減稅，稅的高低、對象和種類，都可以大幅影響社會面貌。

一九九〇年代瑞典步入景氣蕭條期，當時的執政黨社民黨和偏左聯盟推行了一項增稅政策，向社會上收入最高的百分之五的富人徵收「暫時緊急稅」來為國家周轉。後來沒幾年，社民黨敗選，由溫和黨和偏右聯盟開始了八年的執政，在這八年間，沒有一個偏右政黨敢提出取消這筆「緊急」的稅收，這筆暫時稅就這樣成了永久稅。連偏右聯盟都不敢取消這筆稅收的原因很簡單，因為這樣做「社會觀感」太差，站在百分之五那邊和社會大眾作對，在瑞典絕對是得不償失。

瑞典偏右聯盟當然也不是省油的燈，他們推行了「勞動稅負減免」，這個減免只加諸於勞動收入，簡單地說，就是我們每個月工作賺的錢的一部分從課稅範圍中剔除，這筆錢，就是完全屬於我們的勞動報酬，沒有人能拿走。這個做法不但肯定勞動價值，也因為不適用於資本利得，避免了用降稅偏袒資方的嫌疑，受到瑞典民眾普遍歡迎，八年後又輪到社民黨執政時，社民黨也宣布不會取消這項減免。關於稅制的辯論一來一往，最後難免還是落入左右意識形態之間那塊見仁見智的灰色地帶，但是我很羨慕這樣的討論，羨慕稅制議題受矚目的程度，也羨慕瑞典每個民眾心中的那把尺。

我前陣子在臺灣新聞網站看到一則報導，標題是「臺灣今年總稅收創新高」。

報導內文沒頭沒腦地列出了今年臺灣各種稅目的稅收，都是一些讓人難以理解的龐大數字，然後結論是我們今年的稅收創了歷史紀錄。一個國家的經濟成長率只要不掛蛋，宣布「今年稅收創新高」，就好像宣布「我今年歲數創新高」一樣多此一舉，所以我一看標題就笑了出來。但是接著我不禁想，難道這表示，臺灣過去曾有稅收倒退的現象嗎？撰文者下這樣的標題，又是什麼居心？我越想就越笑不出來。

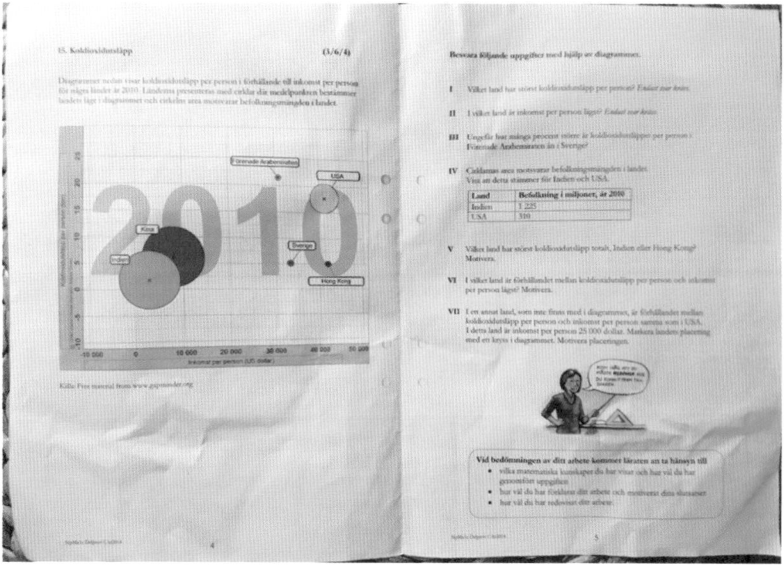

瑞典的全國數學考試中，常出現羅斯林的數據圖。

延伸思考例題

讓數據說話：打破臺灣三大稅制謊言

謊言一：中華民國萬萬稅？

「增稅為苛政，減稅為德政」這是深植於許多臺灣民眾內心的想法。如果按照這個定義，臺灣歷任政府真的都很棒。臺灣政府的年稅收與臺灣的整體經濟規模GDP相比，是先進國家中最低的，約和坦尚尼亞、斯里蘭卡相當。在稅收已經不高的情況下，過去十多年來臺灣還推行了多次重大減稅，包括二〇〇二—二〇〇五年土地增值稅率減半，與二〇〇九年調降遺贈稅。

從以上數據可以看出，「中華民國萬萬稅」這句話並不能反映現實。而臺灣稅基如此之低的最大原因是稅制不公，讓靠炒地皮和利用資產獲利的富豪階層稅負過低。

國家	總稅收 占國家生產總值的百分比
丹麥	50.8
瑞典	49.8
法國	47.9
西班牙	37.3
紐西蘭	34.5
英國	34.4
日本	35.9
南韓	33.6
美國	27.1
中國	20.1
印度	16.8
臺灣	13.0
坦桑尼亞	12.0
斯里蘭卡	11.6

資料來源 : The Heritage Foundation (2015)

臺灣人身在民主社會，可以盡情批評政府和首長，我們遇到問題時第一個反應總是埋怨：「這件事政府怎麼不管一管！」但是，我們又給政府多少資源與經費去管理這個國家？現實是，政府沒有足夠的資源，使臺灣人民期待的福利和措施，包括更普遍的幼托、公宅、更優質的教育和公共設施、推動產業轉型的動力等等，都很難實現。

謊言二：拉弗曲線（Laffer curve）保證減稅不會降低稅收？

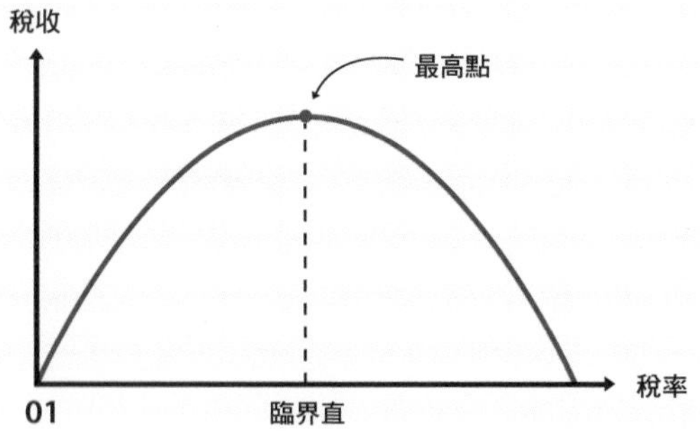

拉弗曲線是一九七〇年代右派經濟學家用來反對政府增稅所提出來的主張。主張稅率並不是越高就代表政府收入越高，在超過一個「最佳稅率」的臨界點以後，提高稅率反而會抑制經濟成長，減少政府的

稅收。這條曲線看起來很直觀，常被臺灣官員學者用來做為減稅政策的正當理由，但是它並不是基於數學或統計所推導出來的結果。現在的經濟學家並不相信這個主張適用於所有稅收狀況。事實上，臺灣自從二〇〇五年土地增值稅永久性調低後，地價水漲船高，臺灣土增稅稅收卻一直回不到稅率調低前的平均水準。另外二〇〇九年贈遺稅調降後，除了二〇一〇年（適用舊稅率的永慶遺產稅入帳）之外，臺灣每年贈遺稅收都減少四十、五十億。

謊言三：「免稅地」公告地價是市價的三倍，「應稅地」公告地價只有市價的一到二成？

土地公告現值與公告地價，是決定地方政府土增稅及地價稅收的主要基礎。長年以來，這些人為制定的價格，永遠追不上飆漲的市價，以公告地價來說，平均只有市價的一到二成而已。同時，位於汐止秀山路的一小塊空地，登記為農地（「免稅地」），公告現值竟是四四八〇萬元，市價的三倍。

原來，為了維持「應稅地」的超低公告地價，減少地主稅負，地方政府的地價評議委員會刻意大幅提高登記為「免稅地」的公告地價，形成整體公告地價有在調漲的假象，美化帳面數字。

公告地價的眉眉角角，也和遺贈稅也有很大的關係。怎麼說呢？如果遺產是股票或現金，是按「市價」計算遺產價值。但如果是不動產，則是按土地過房屋的公告價格計算遺產價值。因為公告價格離市價差很大，把不動產做為遺產或贈與標的，會讓遺贈稅降低，如果遺產是農地，更可以免除遺產稅與贈與稅。所以許多建商與其蓋適合民眾的住宅，更願意蓋大坪數的豪宅，廣告上說這是「傳家之寶」，因為這就是地主富豪用來規畫遺產的手段。而稅負為零的農地，也成為有心炒作者的最佳標的。

現在，請你試著搜尋這幾年來臺灣關於「囤房稅」的爭論，整理出主張提高「囤房稅」和主張降低「囤房稅」雙方的立論和運用的數據。在這場辯論中被引用的數據有哪些？你覺得這些數據的呈現方式適當嗎？為什麼？

本例題感謝「政治不正確」提供相關背景資料

閱讀評論文章：〈拿200萬創業，不如去投資房地產！〉（峰言峰語，風傳媒）。和同學討論，房產、地產稅的設計，除了直接影響國家稅收之外，對整體經濟還會帶來什麼樣的衝擊？

13

沒有一件事是理所當然的——數字和進位制的故事

數字和進位制是人類文明最古老的習慣之一，牽涉到的面向廣泛，也有一定的複雜度，可以說是非常理想的教材。當學生們學著去質疑常規，就會發現我們所有的習慣都有其根源。數字、進位制是如此，性別、階級也是如此。

瑞典高中數學分基礎、中級和進階三階段，所有高中職生都必須修完第一階段才能拿到文憑。換句話說，基礎數學課代表著瑞典學校認為每位國民最低限度應該學會的數學知識，無論是想成為工程師、會計師的學生，還是想走幼教、水電的學生，都必須完成這個課程。有些學生一學期內就可以完成，繼續修習下一階段的數學，而有些學生則花兩學期、兩年慢慢完成也沒有關係。

翻開基礎數學課本，會發現裡面有很多內容台灣的國中生就學過了。這個階段的教學內容淺顯，考試題目也不會出現刁鑽的陷阱，只要學生掌握正確概念，幾乎都能合格。但其中有一個章節，是我先生和其他數學老師一致認為最難教，也是學生最難理解的，那就是關於數字和進位制的由來。

阿拉伯數字厲害在哪裡？

1、2、3、4、5……我們耳熟能詳的阿拉伯數字是一套超越語言、國界的記數系統，它從何而來？憑什麼被全世界使用？這就要說到「0」這個概念的發明了。

關於「0」的發明時間眾說紛紜，目前已知最早的記載是在西元七世紀的印度。「0」的用法從印度傳進阿拉伯，再經由阿拉伯商人傳進歐洲，因此叫作「阿拉伯數字」，其實應該稱作「印度數字」更正確。

阿拉伯數字的「0」可以用來表示進位，拿十進位制來說，任何一個數字只要加上「0」，就瞬間成了10倍，所以數到9，數字不夠用了，我們就在1後面加上「0」進入十位，數到99，在10後面加上「0」進入百位。有了「0」這個進位符，我們不再需要十、百、千、萬、億等數不清的詞彙，只要有0～9十個簡單的符號，就可以表示無窮的數量。這套系統書寫便捷，讓複雜的演算成為可能。

其實歷史上也有其他古文明發明了這個符號，採取60進位的巴比倫人，和20進位制的馬雅人，他們也曾構想出類似「0」的進位符。然而阿拉伯數字的「0」真正厲害的地方，在於它把「無，沒有」這個抽象的觀念，整合到數字系統裡面，讓「0」可以和其他的數字一起進行運算。

我有三頭羊，一頭被偷走了，兩頭給親家當嫁妝，現在我還剩幾頭羊？令人驚訝的是，從人類開始運用各種記數系統，一直到接納「沒有」也是一個「數字」，竟然花了幾千年的時間。「0」這個數字打破了人類思考數量的具象框架，在接受了抽象的數學概念後，數學內涵也更加浩瀚，為往後正負數的概念、方程式、座標、微積分等數學史上的重大里程碑奠下了基礎。

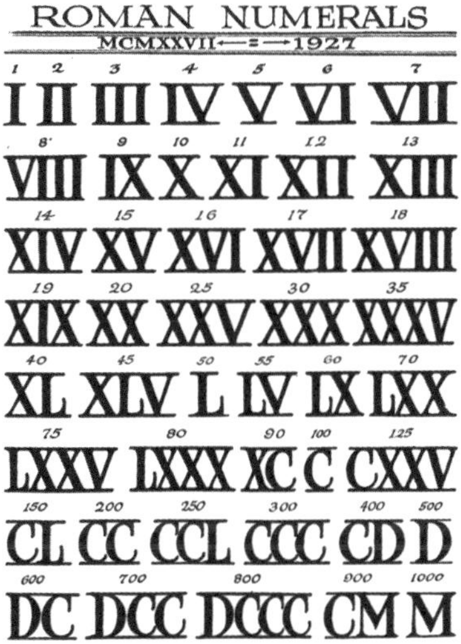

羅馬數字。（圖片來源：Speedball Texbook by Ross F George, 1927）

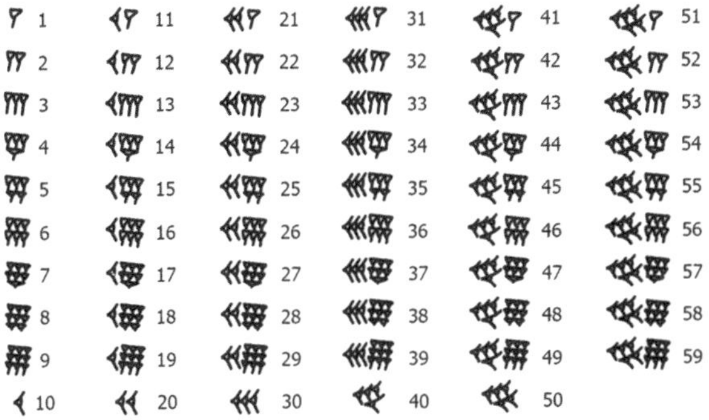

巴比倫數字。（圖片來源：Josell7 [CC BY-SA 4.0]）

「0」這個看似如此簡單的概念，是人類思想上一個飛躍性的進步。但是它並沒有立即被世界接受。在歐洲，「0」這個代表虛無的數字難免引起困惑，大多人還是偏愛慣用的羅馬數字。

在十二世紀末，開始有歐洲數學家致力將阿拉伯數字引入歐洲，潛力無窮的阿拉伯數字在數學、天文學界越來越盛行。直到十六世紀，阿拉伯數字才隨著印刷術的普及，真正在歐洲成為主流。而現在只要說到「數字」，沒有人不會想到「阿拉伯數字」。

為什麼我們這麼喜歡「十」這個數字？

談到「0」讓進位變簡單了，那你有沒有想過，為什麼在中文我們說「十全十美」，為什麼人類史上許多文明，如中國、羅馬、埃及，都不約而同地採用十進位制呢？其實這不是因為十這個數目有什麼特殊意義，很可能只是因為我們湊巧有十根手指頭罷了。電腦沒有手指頭，它們只認得電路開關，所以我們用只有

十進位	1	2	3	4	5	6	7	8	9	10	11	12	13	14
十二進位	1	2	3	4	5	6	7	8	9	a	b	10	11	12

十進位	1	2	3	4	5	6	7	8	9	10	11	12	13	14
二進位	1	10	11	100	101	110	111	1000	1001	1010	1011	1100	1101	1110

0和1的二進位運算和電腦進行對話。說到這，數學老師開始介紹二進位的概念。

雖然現在十進位制是主流，但我們身邊也仍有不少十二進位或六十進位制的痕跡，比方說時間、英制單位（英尺，英吋）、圓周角度、黃道十二宮、天干地支等等。十二進位的數字又要如何表示呢？

上到這裡，學生的已經開始頭昏眼花，幾個學生說，這太麻煩了！為什麼不乾脆都用十進位就好了呢？數學老師說，英雄所見略同！在法國大革命期間，法國科學家承襲啟蒙運動質疑傳統常規的態度，看十二進位和傳統度量單位很不順眼，於是制定了現在大家熟知的公制單位。這種單位用地球從北極到赤道距離的千萬分之一為一公尺，採取十進制，並以水為基準，把長度計量和容量、重量等連結在一起。對他們來說，這才是最「理性」、「十全十美」的度量單位。這個單位現在除了美國等少數國家以外，幾乎被所有國家採用。

看到學生對公制單位井然有序的系統顯得十分滿意。數學老師拿出這張照片。

看到這個時鐘，學生們又開始騷動了。數學老師說，改革了空間的度量單位之後，沒有理由不改革時間的度量單位吧？當時法國也推行了時間的十進位制，一天為十小時，一小時為一百分鐘。但是，這個革新在推行期間沒有受到民眾青睞，幾年後就廢止了。聽到這裡，很多學生都額手稱慶。人類會發展出一小時60分鐘的習慣，不能說完全沒有道理。60這個數字可以被1、2、3、4、5、6、10、12、15、20、30、60整除，也就是說我們可以用很多方式去劃分一個小時

十進制時鐘。（圖片來源：Steve Wilde/Flickr）

的時間，相較之下，100就沒有這麼方便了。數學老師又說，十進制時鐘到現在還有少數死忠的擁護者，你們在手機上就可以輕易下載十進制時鐘的app，要不要試著用十進制過幾天生活？每次上完這堂課，就會在班上掀起一陣子十進位時鐘的風潮，很多學生跑來和老師說，雖然剛開始覺得渾身不對勁，但是過幾天也就習慣了。

最後，數學老師在黑板上寫著：「這個世界上只有10種人，一種是懂二進位的，一種是不懂二進位的。」這時在座總有幾個學生會心一笑，另外大半學生則一臉迷惑。接下來，為了讓所有孩子理解進位的概念，通過考試，往往是一場數學老師和學生要面臨的苦戰。

「既然那麼難教，為什麼課綱要安排這個章節？」我問數學老師。

課綱構成的三個主要基礎是「What？How？Why？教什麼？怎麼教？為什麼？」面對教育部訂立的課綱，老師必須針對這三個問題點去進行理解和質疑。數學老師說，這個章節的存在有兩個理由，首先是因為我們處於數位時代，有必要讓更多孩子更早認識到二進制的概念。而第二個理由則是基於一個普及所有科目的學習目標，那就是「理解每個社會現象和思想都有其物質、文化和歷史背景，沒有一件事是理所當然的」。

這個學習目標，也就是公民素養中「藉由自由思考去察覺問題，並進行批判的能力」。數學老師說，學生在上這個章節時雖然總是滿臉困惑，但是眼裡卻常閃著好奇、求知的光芒。為了學生眼中的光芒，他們會為這個章節繼續奮戰下去。

延伸思考例題

1. 你覺得一個小時 60 分鐘還是 100 分鐘比較好？為什麼？

2. 最理想的進位制應該具備哪些條件？有沒有比十進位更理想的進位制？如果有，你會用什麼論點來說服大家放棄十進位制？

本例題感謝「數學感實驗室」賴以威老師提供

14

老師，為什麼我們在歷史課上要算數學？——從唯物和唯心史觀看到立體的歷史

除了強調人類意志和意識推動歷史趨勢的「唯心史觀」，「唯物史觀」也在瑞典歷史學界深具影響力，瑞典老師頻繁地將歷史趨勢和物質環境，尤其是人類經濟和生產活動做緊密連結。在這個部分，就是將數據和歷史科結合的絕妙機會。

語文和數據的訓練，是瑞典學校力圖融合在每個科目當中的重點，除了因為這兩項能力在現代民主社會中的重要功能之外，當然也是因為語文和數據本身就是傳達知識的強大媒介。比方說在本書第三章關於文學課的章節中，我提到了語文老師和歷史老師如何運用文學作品，讓學生感受到更有「溫度」的歷史。

如果比較臺灣和瑞典的歷史課本內文，也會發現很多很有意思的區別。臺灣

歷史課本的語言很精煉，在有限的篇幅內必須呈現大量事件、人物、歷史名詞，而且這些資訊必須是可以透過標準測試評量的知識，也就是說較少有開放性討論，也避免為歷史事件賦予意義。上完臺灣的歷史課，我學到很多著名的事件和具代表性的人物，也熟記了這些人物說了哪些話，做了什麼事。

瑞典的歷史課本的敘述顯得詳細很多，包括很多第一手史料以及呈現各種歷史意義的詮釋，篇幅和字數都比臺灣課本厚重很多。然而瑞典歷史科沒有標準化的國家測驗，所以並沒有「這裡會不會考？」的問題，課本通常只具參考作用，比方說在上資本主義興起和工業革命的時候，老師會請學生自行先閱讀課本內容，然後以課本為基礎，在課堂上進行討論。

在這些討論中，學生學著處理史料，並用不同的角度和「史觀」去給歷史賦予意義。除了強調人類意志和意識推動歷史趨勢的「唯心史觀」，「唯物史觀」也在瑞典歷史學界深具影響力，瑞典老師頻繁地將歷史趨勢和物質環境，尤其是人類經濟和生產活動做緊密連結。在這個部分，就是將數據和歷史科結合的絕妙機會。

唯物史觀——受物質環境和生產方式左右的人類社會

在學習資本主義興起和工業革命的課堂上，歷史老師先播放了《魔戒》電影中哈比人村莊的片段，請同學觀察和描述他們的生活型態。這種村莊曾經是在歐洲持續了幾百年的農村面貌，也是《魔戒》作者托爾金（J.R.R. Tolkien）對過去歐洲美好社會的嚮往。一個哈比人的村莊，大概是長這個樣子的：

Plan of a Mediaeval Manor.

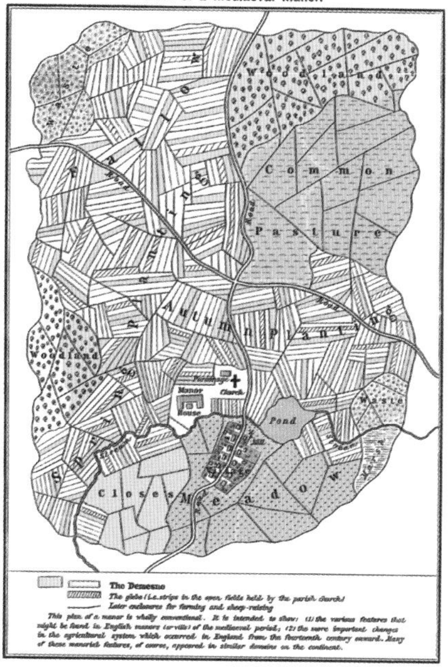

公有地。

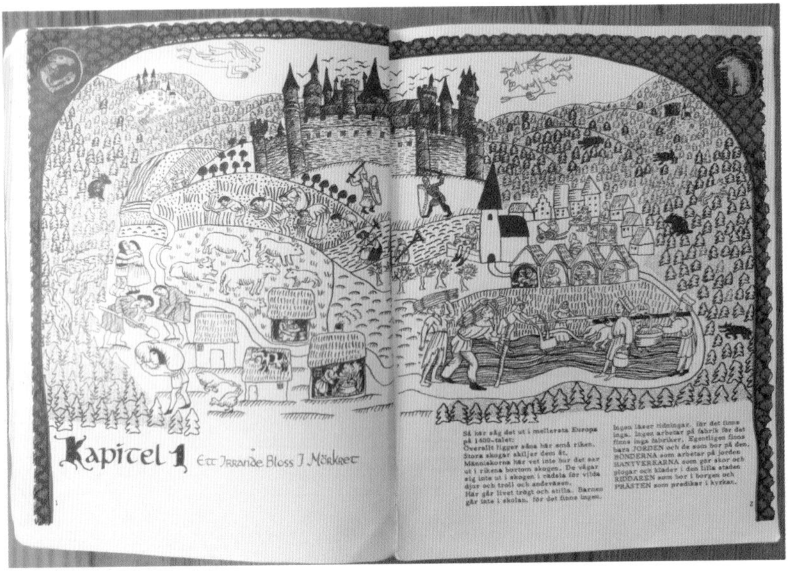
Kapitel 1
Ett Irrande Bloss I Mörkret
Så här såg det ut i mellersta Europa
på 1400-talet:
Överallt ligger såna här små riken.
Stora skogar skiljer dem åt.
Människorna här vet inte hur det ser
ut i rikena bortom skogen. De vågar
sig inte ut i skogen i rädsla för vilda
djur och troll och andeväsen.
Här går livet trögt och stilla. Barnen
går inte i skolan, för det finns ingen.
Ingen läser tidningar, för det finns
inga. Ingen arbetar på fabrik för det
finns inga fabriker. Egentligen finns
bara JORDEN och de som bor på den.
BÖNDERNA som arbetar på jorden
HANTVERKARNA som gör skor och
plogar och kläder i den lilla staden
RIDDAREN som bor i borgen och
PRÄSTEN som predikar i kyrkan.

十五世紀的歐洲莊園。

那時歐洲貴族和領主擁有莊園和土地，由農民為領主耕作，而「公有地」（common land）上的收穫則依照地契分配給農民。在這個制度下，領主不可以驅逐村民，村民也不能任意遷徙。農民群居於村落中，有很緊密的互助組織，人口多的時候大家吃少一點。人口少的時候就吃多一點，村里的鰥寡孤獨和殘病也受到一定程度的照顧，莊園自給自足，有時還有點盈餘，這樣的型態就這麼持續了好幾百年。

而現在我們到歐洲各處，看到的農地是這個樣子的：

現代歐洲農地。

在這之間，歐洲發生了天翻地覆的變化。但這是怎麼發生的呢？歷史老師發給學生兩個圖表。

1300-1800年歐洲各國人口分布
Fördelning av befolkning i olika europeiska länder mellan 1300 – 1800.

1300-1800人口粗估（百萬）
Estimated population distribution, 1300–1800 (millions).

	總數 Total	城市 Urban	Rural 農村非農民 nonagricultural	農村農民 Agricultural
England 英國				
1300	5.0	0.22	0.96	3.82
1400	2.5	0.20	0.46	1.84
1500	2.5	0.18	0.46	1.85
1600	4.4	0.43	0.96	3.03
1700	5.2	0.88	1.47	2.86
1750	6.0	1.39	1.95	2.70
1800	9.1	2.61	3.23	3.23
Austria/Hungary/Czechoslovakia 奧地利/匈牙利/捷克斯洛伐克				
1400	5.4	0.28	1.02	4.10
1500	6.6	0.32	1.26	5.02
1600	8.0	0.39	1.98	5.63
1700	9.2	0.44	2.80	5.96
1750	10.7	0.78	3.37	6.55
1800	14.0	1.11	4.90	7.99
Poland 波蘭				
1400	2.75	0.12	0.53	2.10
1500	4.0	0.24	0.75	3.01
1600	5.0	0.38	1.25	3.37
1700	6.0	0.26	1.95	3.79
1750	7.0	0.31	2.54	4.15
1800	9.0	0.43	3.51	5.06
Belgium 比利時				
1400	1.0	0.39	0.03	0.58
1500	1.25	0.3	0.18	0.72
1600	1.5	0.44	0.28	0.78
1700	1.7	0.52	0.38	0.80
1750	2.3	0.51	0.61	1.18
1800	3.0	0.65	0.89	1.46

圖一

問題一：在 1400-1800 年之間，各國人口大約增加多少倍？回答：約三倍。

問題二：英國有 1300 年的人口粗估數據，1300-1400 年英國的人口發展如何？回答：人口減少將近一半（因為黑死病）。

問題三：在 1400-1800 年之間，各國城市人口增加了多少倍？有哪個國家特別突出？回答：除了英國，各國城市人口的成長都是約三倍，和全國人口成長速率相當。英國的城市人口則增加了 13 倍。

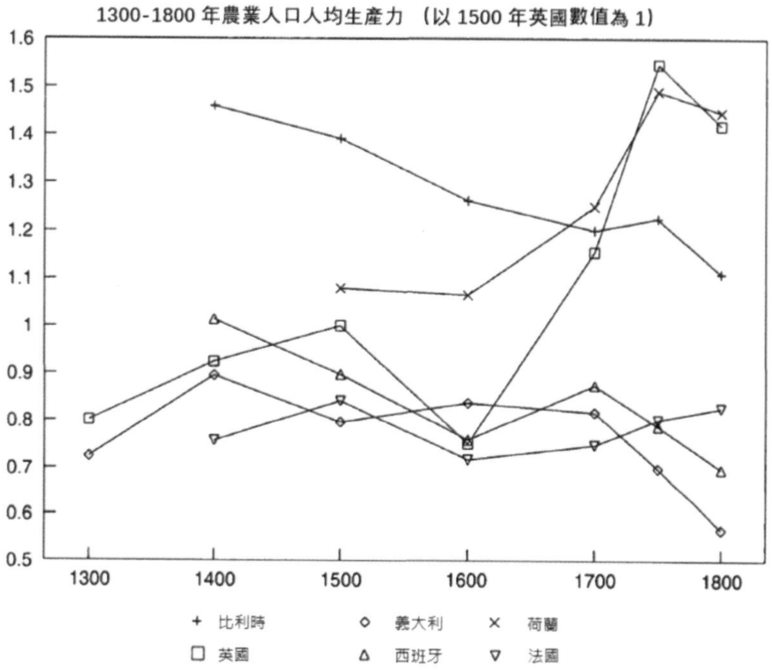

Figure 3. *Output per worker in agriculture, 1300–1800 (England in 1500 = 1.00).*

* 生產力就是每個農民的平均產值＝總產值／農民總數

圖二

問題一：為什麼在 1300-1400 年之間生產力提升了？回答：因為黑死病造成人數減少，每位農民耕作面積較大，也可利用較優質農地。

問題二：為什麼在 1400-1800 年之間生產力普遍降低？回答：因為人數開始增加，每位農民耕作面積減少，並被迫使用較劣質的邊際地（marginal land）。

問題三：哪兩個國家和其他國家發展趨勢不同，是什麼因素造成這個不同？

在討論到最後一個問題的時候，班上學生已經很不耐煩了。「老師，我們是在上歷史課還是上數學課？」幾個學生開始起鬨。「都是。」老師笑瞇瞇地回答。

大概是怕學生還不夠煩，這時老師又丟給學生幾個數字：

地理大發現開啟了殖民經濟，這個新產業雖然風險較大但是利潤誘人，在十五世紀的英國：

- 一個貴族或富商投資殖民地貿易，投資報酬率是五～二十％。
- 一個貴族或富商從國內農地獲得的投資報酬率是二～三％。

一四〇〇年以後農民不斷增加，生產力不斷下降，領主對傳統莊園經濟越來越不耐，當時許多領主本身是成功的富商，向政府購買宗教改革被沒收的教會土地而成為領主。他們開始把商業資本主義的頭腦，動到了幾百年來自給自足，養活了無數村民的農地上。從十五世紀開始，領主開始買斷或是強行取消和農民之間的契約，將原本容納許多農民耕作的土地圈占為廣大的私有農地，耕作活動也成為市場取向的大規模栽種。

十七世紀有一首英國民謠：「從公有地偷了一隻鵝的農民遭到嚴懲，但從農民手中偷走公有地的人們卻安然無恙。」哈比人村莊不見了，大量失去耕作權的農民被迫離開農村；留下來的農民也不再生活在村落中，而是搬到廣大的農地旁邊就近工作。這時每個農民的耕作面積驟增，加上領主在平整優質的農地上進行各種耕作法的改良，並投資農耕機器，農地對人力的需求大減，於是每個農民生產力大幅提升。這就是以上圖表中，在英國和荷蘭發生的故事。流離失所的農民湧入都市，解釋了英國這幾百年間急劇的都市化，他們成了一顆顆新興工業的螺絲釘，讓工業革命成為可能。這個圈占農地的風潮吹往歐洲各地，在十九世紀也來到了北歐。

當人類征服了自然，發展新的經濟和生產方式，這對人類社會產生的連鎖效應，往往摻雜著璀璨的成果，也有深刻的苦難。在數據中，我們看到英國都市每一百年就人口翻一倍的驚人速度，和生產力提升背後隱藏的殘酷。在文學作品中，我們更真切感受到當時湧入都市、逃往美洲的人們所經歷的苦難。無數大家庭擠在都市角落的小房間裡生活，勞工不分男女老幼每天工作十二個小時以上，無數爸媽看著孩子被送入礦坑工作，或是像《大移民》裡的奧斯卡太太，看著孩子死於飢寒交迫。

殖民帝國、圈地運動和工業革命是人類經濟史上最耀眼的進步，但造成的悲劇也絕不亞於史上任何一場戰亂和疾病。然而工業革命帶來了爆炸性的產業和科技發展，塑造了現代社會的面貌，也把全球無數極貧人口拉到了貧窮線之上。

唯心史觀 vs 唯物史觀

簡單來說，唯心史觀相信人的意志塑造物質環境、推動歷史，因此歷史敘事常以重大人物的思想和行動為主軸，這樣的史觀凸顯了人的精神力量和相對於自然的主動權，但也難以避免偏重帝王將相和各界菁英，容易忽略社會上絕大多數人的處境。十九世紀以來，在工業革命帶來的巨大變動下，馬克思等思想家開始尋求另一種解釋世界秩序變動的唯物辯證。唯物史觀相信人的意志是由物質環境決定的，其中又以每個人求溫飽的生產模式為關鍵。歷史上每次生產變革，都影響人類思想和歷史走向。這種史觀著重群體、階層，而較不重視個人。

在瑞典剛進入資本主義社會之際，有個笑話為都市人津津樂道：一位商人用五塊錢請一位農人用紡織機為他織布，後來布料需求量增加了，商人和農人說，我給你十塊錢的工資，你幫我生產兩倍的布料。聽了商人的話，農人很困惑地說：「如果你給我雙倍的工資，表示我只要織一半的布料就可以賺到五塊錢，不是嗎？」

這個故事中商人和農人反映出了資本主義經濟和莊園經濟的心態對比，商人真心想提高獲利，農人真心不了解為什麼要提高獲利。在當時有很多類似的笑話，主旨都是在嘲笑農人不思進取的心態。而隨著資本主義發展到二十世紀，也有許多人開始緬懷前資本主義社會，開始欽慕那位農人的心境，當全世界的人都隨著欲望起舞，他就像托爾金筆下的佛羅多，面對魔戒也不為所動。

從馬克思的唯物史觀來看，階級之間的矛盾一直存在，只是以不同方式呈現，而不管哈比人的村莊是不是真的那麼理想，人類終究無法避免一連串的產業變革。一四〇〇~一八〇〇年的資本主義和工業革命在都市創造了一批新的資產階層，他們掌握生產工具和雄厚財力，但和貴族教士比起來卻毫無政治影響力。在這樣的情況下，無論盧梭和孟德斯鳩有沒有誕生在世上，某種形式的政體改革都是無法避免的。

臺灣過去很排斥馬克思思想，因此我以前讀的國立編譯館歷史課本幾乎沒有唯物史觀的痕跡，對於法國大革命，課本羅列了盧梭、孟德斯鳩的民主思想，並描述路易十六與國民議會的權力衝突。現在我翻看臺灣歷史和地理課綱，發現圈地運動和階級衝突等詞語都被納入了，在史實內容上和瑞典課本差異不大，但是在各種史觀的切換上則顯得比較模糊而武斷。

讓學生熟讀各種史實固然重要，但對瑞典老師來說，歷史課最重要的任務，是和學生一起戴上唯物、唯心、女性、國族等史觀的眼鏡，讓學生了解「過去」是怎麼樣被塑造成不同的「歷史」。並且透過史料、文學和數據，去貼近感受歷史的溫度，了解歷史的必然性和偶然性，並從中看到人類的現在和未來。

延伸思考例題

1. 閱讀〈百年早餐史：工業革命發明鬧鐘之後，你有吃早餐的義務〉（克里斯穹．葛塔魯，關鍵評論）。請你問問父母、祖父母，他們從小吃什麼樣的早餐？跟誰吃，在哪裡吃？並從「唯物史觀」的角度來思考與解釋台灣飲食習慣的變遷。

2. 試著從「唯物史觀」的角度，想像ＡＩ（人工智慧）與自動化機器人生產，可能對經濟與社會造成的影響？

以上題目感謝台灣高等教育產業工會研究員，
桃園市機師職業工會研究員　陳柏謙提供

15

社會老師和數學老師槓上了——從數據看性別

我從性別日得到最大的啟發，是瑞典教育現場的開放和誠實。他們把老師之間的想法衝突毫不隱蔽地拿出來討論，讓學生了解一件事情可以有那麼多主張和看法，大人都不能達成共識，當然也無法給他們一個正確的答案。

每年三月八日國際婦女節，許多瑞典高中都會舉辦全校性的性別日。這一天所有科系的老師都共襄盛舉，從不同視角，帶領學生去了解性別議題。

大家通常認為性別議題是社會科老師的事，但其實性別和生活中所有面向都息息相關。生物老師從生理和演化的角度探討性別和性向，理化老師介紹女性在科學史上的角色，瑞典語老師則和學生討論文學作品的性別解讀。處處留意，處

瑞典女性遊說組織和工會組織聯合發起 1602 運動。（圖片來源：Sebastian Thorén 攝影，sweden.se）

處發現、反省，這就是「性別主流化」的過程。

今年的婦女節，一位社會老師選了一部和性別議題有關的美國紀錄片讓學生討論。這部片探討的主題是兩性的角色框架，其中也提到了一些兩性薪資差異的問題。

在我先生的學校，沒有課的老師可以自由進出其他老師的課堂，參與聽課和討論。那天剛好一位數學老師路過，就和學生一起看了這部紀錄片。他對影片中和社會老師使用的數據有點不滿。那天下午，他特別給學生上了一堂數據課。

那部紀錄片使用了一個數字：在美國，每個全職工作男性每賺一美元，全職工作的女性只賺 0.79 美元，兩性薪資差距是二十一％。而看完紀錄片之後，社會老師和學生說在二〇一六年瑞典的兩性薪資差距是十二％，根據這個差距，瑞典性平組織推算出女性等於是每天下午 16：02 之後就開始免費工作。他們推行了 1602 運動，希望更多人注意到這個不平等的事實。

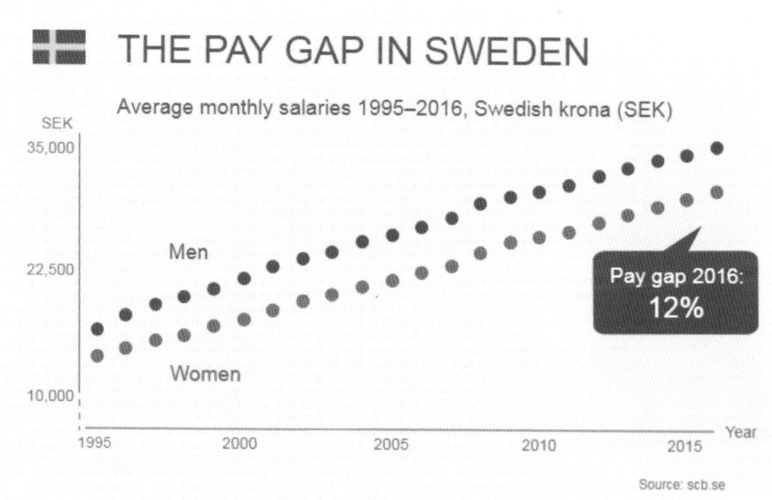

瑞典男女薪資 20 年來的變化，可以看到薪資差距沒有減少。（資料來源：瑞典數據局 SCB）

然而數學老師對這個運動非常感冒。他很了解性平倡議組織為了將數據可視化，用讓人最有感的方式呈現，可以說是費盡苦思。在美國，有組織設計了「平等薪資果汁」，男性買一杯要一美金，女性則可以打七九折，以反映男女的收入差距。

但是，數學老師說，這種呈現數據的方式，很容易有過度簡化的嫌疑，讓群眾認為這個差距完全是由職場歧視造成的。我們現在先來看看這個數字是怎麼算出來的：

男女薪資比＝全國女性薪資平均數或中位數／全國男性薪資平均數或中位數

如果薪資比是80％，就表示男女薪資差距為20％

這個數字叫做未調整男女薪資差距（unadjusted gender pay gap），採取的是所有全職工作的薪資數據，因此並不能看出個別職場情況。造成這個差距的主因，是男女性職種的分化。雖然現代職業女性非常普遍，但是男性為主的職業如「自然科學、數學及統計」、「資訊通訊科技」及「工程、製造及營建」，總稱為所謂「STEM 領域」，往往薪資較高，以女性為主的職種如服務、護理等，收入往往偏低。也就是說，瑞典女性並不是在下午四點以後就免費工作，而是一開始就選錯工作了。

如果想要呈現個別職場的性別歧視，需要看調整後男女薪資差距（adjusted gender pay gap），依據職種、教育程度、資歷等等因素做調整，而通常這個數字會比未調整的差距小很多，二〇一六年瑞典的此數據是4.5％。數學老師說，這4.5％的差距，多半也不是因為女性工作能力本身遭歧視，而是每當家中有小孩、或是家族中有人生病需要照看時，通常是由女性減少工作時間，或是中斷工作。因此相對男性而言，女性勞動力相對不穩定，也缺乏機動性，這些因素在許多行業裡會大幅影響收入。

最後數學老師說，我自詡是女性主義者，我主張男性和女性在求職、待遇和升遷上的條件必須完全平等，也堅持和老婆平分育兒假和家務。目前在瑞典已經有很多法律保障這些平等，每個人選擇什麼樣收入的工作，要被家庭束縛多少，這完全是個人的自由，我不覺得應該怪社會不公。

下課前，他提醒學生以後看到數據，最好停下來想想這些數據是怎麼算出來的，不要照單全收。

這事傳到了社會老師的耳裡，她在學校走廊找到了數學老師，表示想和他談談。數學老師說，身為數學老師他有責任和學生釐清錯誤的數據呈現，也讓學生理解每個人要為自己的選擇負責。

社會老師反問：「請問你真的覺得這12％的差距，完全是個人的責任嗎？」

數學老師說：「在瑞典有人逼女性要待在家帶小孩，有人阻止女性念STEM科目嗎？」

「瑞典媽媽休更長育兒假的原因不單純是因為媽媽想待在家，而是因為雙親中，通常爸爸的薪水較高，所以休育兒假比較不划算。」社會老師回答。

「專找收入比自己高的男人生孩子也是一種選擇。」數學老師說。

「對啊，就像男人專找收入比自己低的女人生孩子。但是為什麼會這樣呢？難道我們就不能繼續去檢視這些性別框架對兩性帶來的壓迫嗎？」

後來在課堂上，社會老師也和學生解釋，其實她和數學老師都是「女性主義者」。這位數學老師的想法是典型的自由主義女性主義（liberal feminism），主張透過女性受教育，投票，和從政等權利，鞏固女性的選擇權和自我決定權，透過自由，達到平等。

而社會老師則偏向社會主義女性主義（socialist feminism），他們認為自由主義是不夠的。生理上的育兒功能使女性被拘束在無償的家庭勞動中，是性別不平等的根源，這是一種比階級還要更原始的權力結構，而它最可怕的地方在於人們已經渾然不覺。唯有積極去檢視這種不對等源頭，進而用更基進的政策提供生產育兒的福利和社會服務，獎勵或強制男性參與無償勞動，才可能讓兩性在勞動價值上平起平坐。此外，社會主義女性主義從根本檢視社會各層面的性別不對等，比方說瑞典是第一個為娼妓除罪的國家。今天北歐在性別平權上能獨步全球，不能否認社會主義女性主義的興盛是一大要素。然而他們堅持批判，持續不滿的基調，也常讓許多自由主義女性主義者和群眾感到有點不耐。

不追求正確答案 而是深入思考自己的底線在哪裡

我從性別日得到最大的啟發，是瑞典教育現場的開放和誠實。他們把老師之間的想法衝突毫不隱蔽地拿出來討論，讓學生了解一件事情可以有那麼多主張和看法，大人都不能達成共識，當然也無法給他們一個正確的答案。

而無論學生決定要不要採取，或是採取哪一種女性主義，國家持續追蹤並公布這些性別差距數據，能讓年輕世代看見前人的努力與社會進步的軌跡，也釐清了往後仍須努力的方向。數據之用大矣，這一點很值得台灣借鏡。

現代社會各種議題複雜難懂，常常涉及不是所有人都懂的專業知識，或不是所有人都能體會的情境。我們不可能要求每個民眾都理解核能科技，沒有當過機師的人也很難評價機師工會的勞動時數訴求究竟合不合理，但是學生必須去思考自己想要追求的價值，以及能接受的底線在哪裡？他們對性別議題的期許是什麼？當環境和經濟發展發生矛盾的時候，他們希望的政策方向是偏重什麼？勞資雙方的權利怎麼平衡？

當學生了解和尊重社會議題的複雜和多元性，就很難會相信任何簡單迅速的解藥，取而代之的，是依據人人心中的那一把尺，將自己的底線藉由投票或倡議反映到執政方向上。

延伸思考例題

請閱讀〈南電加薪案 知法才是真維權〉（苗博雅，蘋果新聞專欄），並和同學就以下問題進行討論。

通常在電路板工廠中，「操作員」必須在室外高溫從事粗重的搬運工作，或較危險的機械操作，主要是由男性擔任；「作業員」則多在室內，維持久站或久坐，需要細心和耐心，主要是由女性擔任。

1. 你覺得一個職業的薪資應該要由哪些因素決定？勞力市場供需？學歷背景？產值？體力消耗量？一位照顧臥床老人的看護和一位建築工人，應該分別得到多少薪水才合理？

2. 將「操作員」和「作業員」按男女劃分，並由「操作員」得到較高的薪資，是你能接受的安排嗎？為什麼？

3. 為了增進勞工工作條件、改善工作環境，南亞電路板公司還能夠做什麼？

後記
「背著書包上學去」的民主意義

與其餵魚給孩子吃，不如教孩子抓魚

綜觀本書的章節，我想許多讀者都察覺到，瑞典課綱的宗旨，並不是把知識塞給學生，而是採用許多「教科書範例」（textbook example）去和學生演練如何挖掘和處理知識。知識難以界定邊界，就像中華文學作品如此浩瀚，總是造成高中三年國文課本的選文困難症。而瑞典高中的文學課甚至只有一年，老師不可能像母鳥一樣把所有知識餵給學生，所以他們乾脆採取「選文有限，素養無窮」的想法，讓孩子學會文學賞析和批判等「抓魚」訣竅，然後把孩子踢下鳥巢，讓他們能獨立覓食。

無奈的現實是，「教孩子抓魚」比「給孩子魚吃」還要難上好幾倍，當過老師的都知道，出一道單純的記憶性題目只要二十秒，出一題開放式的批判思辨題，加上批改學生回答，要花掉大把大把的時間和資源。記得我和以前和瑞典老師描述臺灣學校的教學和考試方式時，一位瑞典老師說：「臺灣學校聽起來很便宜，應該可以省很多錢。」這句話讓我至今印象深刻。為了邁向教學正常化，老師需要更多時間、更多資源，這是在教改的口號背後，一個不能迴避的現實。

同時我也想要強調，記憶性知識並不是不重要。事實上，歐美社會有很興盛的答題遊戲文化（quiz game），從街角酒吧每週舉行的「答題之夜」（quiz night）到收視率居高不下的電視節目「百萬富翁」，博學強記的人有許多活躍的舞臺。在我先生的學校，每週輪流由一位老師出題在教師辦公室舉辦答題遊戲，每個老師都全力以赴，視優勝為極大的榮耀。學而不思則罔，思而不學則殆，在學和思之間找到平衡，是臺灣教育的一大要務。

從平等到民主

在北歐公民教育研討會上，除了討論公民素質的培養之外，另外一個大重點就是檢討學校的社會功能。教育社會學在瑞典是個顯學，有數不清的研究計畫，長期追蹤教育政策對孩子未來表現和社會結構的長遠影響，而他們的宗旨很明確——打造一個更平等、更流動的社會。瑞典教育決策者很清楚家庭社經地位對孩子在發展上的影響和導向，他們承認、樂見中高階層家庭在智育上的優勢，但在同時，也有意識地運用學校功能，填補不同階層家庭間的差距。比方說，瑞典小學階段不給孩子回家功課也不排名的做法，就是在這個考量下的一項決策。臺灣人喜歡窮小子苦讀成功的故事，認為家庭帶來的劣勢不是阻礙，而是藉口，這其實只是用成功個案掩蓋社會結構問題的鴕鳥心態。認清這個階層差距的現實，反而能找到更有效全面的解決之道。

記得很清楚在研討會的一場討論中，一位來自芬蘭的學者將芬蘭學童的學科表現分為極差、差、良、優四個等級，並且根據學生性別、家庭背景等變因進行分析。從頭到尾，他只是不斷強調芬蘭如何投注資源和心血在「極差和差」這個群體上，讓他們漸漸移動到良的群體，藉此大幅拉高整體學生的素質。我那時深刻地瞭解到，就是這些心血造就了芬蘭的教育奇蹟，同時也體會到，為什麼芬蘭教育終究沒有真正在台灣「夯起來」，因為與其投注資源改善差和極差的學生，台灣通常更偏向關注優等生和資優教育。

在國民教育中獲得公民意識和技能的北歐學生，畢業後不管成為藍領或是白領勞工，都會懂得要批判和發聲，懂得透過支持有利受薪階層的政黨，或是參與工會等公民組織來改善現狀，藉此拉近貧富差距。研究指出，一個社會的貧富差距越小，人民的被剝奪感越小，對體制和公權力也就更信任。當貧富差距拉大，相對剝奪感越來越深的民眾也很容易對體制、公權力失去信任，並轉而支持提供簡明解藥的民粹強人，但是回頭看看史上民粹強人的例子，他們終究還是無心解決貧富差距的問題，還往往把人民帶上極端和戰亂。

教育 => 平等 => 民主 => 給最多人帶來幸福，這是北歐學校教育相信的循環等式。不管你們信不信，反正很多北歐老師是信了。無論這個等式是不是過於天真，我在瑞典看到老師們朝著明確的方向努力，在日復一日的教育工作中獲得自尊和成就感，看到學生從懵懵懂懂到能自由思考並對自己負責，學校教育如果能做到這樣，不也是很足夠了嗎？

belle vue 32

思辨是我們的義務

那些瑞典老師教我的事

作　　者　吳媛媛
總 編 輯　曹　慧
主　　編　曹　慧
美術設計　ayenworkshop
行銷企畫　林芳如
出　　版　奇光出版／遠足文化事業股份有限公司
E-mail: lumieres@bookrep.com.tw
粉絲團：https://www.facebook.com/lumierespublishing
發　　行　遠足文化事業股份有限公司（讀書共和國出版集團）
http://www.bookrep.com.tw
23141新北市新店區民權路108-4號8樓
電　　話：(02) 22181417
郵撥帳號：19504465　戶名：遠足文化事業股份有限公司
法律顧問　華洋法律事務所 蘇文生律師
印　　製　呈靖彩藝有限公司
二版一刷　2022年4月
二版二刷　2022年7月9日
定　　價　360元
I S B N　978-626-95469-6-1　　書號：1LBV0032
978-626-9546985（EPUB）
978-626-9546992（PDF）

有著作權・侵害必究・缺頁或破損請寄回更換
歡迎團體訂購，另有優惠，請洽業務部（02）22181417分機1124、1135
特別聲明：有關本書中的言論內容，不代表本公司/出版集團之立場與意見，文責由作者自行承擔

國家圖書館出版品預行編目（CIP）資料

思辨是我們的義務：那些瑞典老師教我的事 = Democratic education : Nordic experiences for the Taiwanese classroom/吳媛媛著. -- 二版. -- 新北市：奇光出版：遠足文化事業股份有限公司發行, 2022.04
面；　公分
ISBN 978-626-95469-6-1（平裝）

1. CST：公民教育　2. CST：中等教育　3. CST：瑞典

524.9475　　111002564

線上讀者回函